MARCHA CRIANÇA

3º ANO
ENSINO FUNDAMENTAL

GRAMÁTICA

Maria Teresa Marsico

Licenciada em Letras pela Universidade Federal do Rio de Janeiro (UFRJ).

Pedagoga pela Sociedade Unificada de Ensino Superior Augusto Motta.

Atuou por mais de trinta anos como professora de Educação Infantil e Ensino Fundamental das redes municipal e particular do estado do Rio de Janeiro.

Maria Elisabete Martins Antunes

Licenciada em Letras pela Universidade Federal do Rio de Janeiro (UFRJ).

Atuou durante trinta anos como professora titular em turmas do 1º ao 5º ano da rede municipal de ensino do estado do Rio de Janeiro.

Armando Coelho de Carvalho Neto

Atua desde 1981 com alunos e professores das redes pública e particular de ensino do estado do Rio de Janeiro.

Desenvolve pesquisas e estudos sobre metodologias e teorias modernas de aprendizado.

Autor de obras didáticas para Ensino Fundamental e Educação Infantil desde 1993.

editora scipione

editora scipione

Presidência: Mario Ghio Júnior

Direção editorial: Lidiane Vivaldini Olo

Gerência editorial: Viviane Carpegiani

Gestão de área: Tatiany Renó

Edição: Mariangela Secco (coord.), Silvana dos Santos Alves Balsamão

Planejamento e controle de produção: Flávio Matuguma, Juliana Batista, Felipe Nogueira e Juliana Gonçalves

Revisão: Kátia Scaff Marques (coord.), Brenda T. M. Morais, Claudia Virgilio, Daniela Lima, Malvina Tomáz e Ricardo Miyake

Arte: André Gomes Vitale (ger.), Catherine Saori Ishihara (coord.) e Christine Getschko (edição de arte)

Diagramação: Ponto Inicial Design Gráfico

Iconografia e tratamento de imagem: Denise Durand Kremer (ger.), Claudia Bertolazzi (coord.), Tempo Composto (pesquisa), Fernanda Crevin (tratamento de imagens)

Licenciamento de conteúdos de terceiros: Roberta Bento (gerente); Jenis Oh (coord.); Liliane Rodrigues e Flávia Zambon (analistas); Raísa Maris Reina (assist.)

Ilustrações: Fabiana Faiallo (Aberturas de unidade), Ilustra Cartoon

Design: Gláucia Correa Koller (ger.), Flávia Dutra e Gustavo Vanini (proj. gráfico e capa), Erik Taketa (pós-produção)

Ilustração de capa: Estúdio Luminos

Dados Internacionais de Catalogação na Publicação (CIP)

```
Marsico, Maria Teresa
    Marcha Criança : Gramática 1° ao 5° ano / Maria
Teresa Marsico, Maria Elisabete Martins Antunes ,
Armando Coelho de Carvalho Neto.  -- 3. ed. -- São Paulo
: Scipione, 2020.
    (Coleção Marcha Criança ; vol. 1 ao 5)

    Bibliografia

    1. Língua portuguesa - Gramática (Ensino fundamental) -
Anos iniciais I. Título II. Antunes, Maria Elisabete
Martins III. Carvalho Neto, Armando Coelho de IV. Série

                                        CDD 372.61
20-1101
```

Angélica Ilacqua - Bibliotecária - CRB-8/7057

2024
Código da obra CL 745876
CAE 721132 (AL) / 721131 (PR)
ISBN 9788547402877 (AL)
ISBN 9788547402884 (PR)
3ª edição
7ª impressão
De acordo com a BNCC.

Impressão e acabamento: Vox Gráfica / OP: 247399

Uma publicação **SOMOS** EDUCAÇÃO

Os textos sem referência foram elaborados para esta coleção.

Fabiana Faiallo/
Arquivo da editora

Com ilustrações de **Fabiana Faiallo**, seguem abaixo os créditos das fotos utilizadas nas aberturas de Unidade:

UNIDADE 1: Sanduíche: FabrikaSimf/Shutterstock, **Copo com suco:** sangsiripech/Shutterstock, **Arbusto com flores:** sakdam/Shutterstock, **Bananas:** Nataliia K/Shutterstock, **Folhagem caída:** naKornCreate/Shutterstock, **Cadeiras azuis:** binbeter/Shutterstock, **Cadeira de rodas:** maimu/Shutterstock, **Mesa:** 3drenderings/Shutterstock, **Bandeja:** Jesus Cervantes/Shutterstock, **Quadro de cortiça:** Skylines/Shutterstock, **Piso:** Creative Idea/Shutterstock, **Árvores:** majeczka/Shutterstock, **Vaso de planta:** cynoclub/Shutterstock, **Paisagem:** SBatyi Design/Shutterstock.

Unidade 2: Banco: a_v_d/Shutterstock, **Moita de folhas:** kaivut niponkaew/Shutterstock, **Pássaro no banco:** MRS. NUCH SRIBUANOY/Shutterstock, **Árvore florida:** Kriengsak Wiriyakrieng/Shutterstock, **Árvore:** PRANEE JIRAKITDACHAKUN/Shutterstock, **Folhas próximas ao toco de madeira:** Dewin ' Indew/Shutterstock, **Toco de madeira:** JIANG HONGYAN/Shutterstock, **Bicicleta amarela:** s_oleg/Shutterstock, **Pássaro no toco de madeira:** Charles Brutlag/Shutterstock, **Pomba:** photomaster/Shutterstock, **Bola:** irin-k/Shutterstock, **Gaivota:** ShaunWilkinson/Shutterstock, **Folhagem canto inferior esquerdo:** Valentin Agapov/Shutterstock, **Placa:** Photo_SS/Shutterstock, **Bicicleta adulto:** Julian Rovagnati/Shutterstock, **Céu:** sumroeng chinnapan/Shutterstock, **Folhagem topo esquerdo:** Muangsatun/Shutterstock, **Textura de asfalto:** flexelf18/Shutterstock.

Unidade 3: Fundo azul: Proshkin Aleksandr/Shutterstock, **Pipoca:** M. Unal Ozmen/Shutterstock, **Fundo preto:** Baby_Sun/Shutterstock, **Fundo vermelho:** YamabikaY/Shutterstock.

Unidade 4: Pratos coloridos 1: Artur Buibarov/Shutterstock, **Parede de tijolos:** Oleynik Aline/Shutterstock, **Bolo:** Ljupco Smokovski/Shutterstock, **Pratos coloridos 2:** Rozochka/Shutterstock, **Balões:** Boule/Shutterstock, **Bolo com vela:** Boule/Shutterstock, **Arbusto:** Johannes Kornelius/Shutterstock,**Chapéus de festa:** Timmary/Shutterstock, **Cadeiras:** Timmary/Shutterstock, **Cestas com frutas:** Ewa Studio/Shutterstock, **Pratos coloridos 3:** Maxim Godkin/Shutterstock, **Copos coloridos:** bella reji/Shutterstock, **Jarra com suco:** HandmadePictures/Shutterstock, **Salada de frutas:** Nikola Bilic/Shutterstock, **Mesa 1:** Nikola Bilic/Shutterstock, **Arranjo de balões:** Nikola Bilic/Shutterstock, **Mesa com toalha:** kc look/Shutterstock, **Mesa 2:** kc look/Shutterstock.

APRESENTAÇÃO

Caro aluno, cara aluna,

Pensando em ajudá-los a se tornar leitores e escritores competentes, a coleção **Marcha Criança Gramática** vai prepará-los para dominar uma das maiores realizações humanas: o ato de escrever!

Descobrindo alguns segredos da língua portuguesa, como a combinação de sinais, letras, palavras e ideias, vocês vão dar forma a textos e sentir cada vez mais o prazer de ler e escrever.

Esperamos que gostem da coleção e que, com ela, aprendam muito!

Bons estudos!

Os autores.

Fabiana Faiallo/Arquivo da editora

CONHEÇA SEU LIVRO

Veja a seguir como o seu livro está organizado.

UNIDADE

Seu livro está organizado em quatro Unidades. As aberturas são compostas dos seguintes boxes:

Entre nesta roda

Você e seus colegas terão a oportunidade de conversar sobre a imagem apresentada e a respeito do que já sabem sobre o tema da Unidade.

Nesta Unidade vamos estudar...

Você vai encontrar uma lista dos conteúdos que serão estudados na Unidade.

ATIVIDADES

Por meio de atividades diversificadas, nesta seção você vai colocar em prática seus conhecimentos e verificar se os conteúdos foram compreendidos.

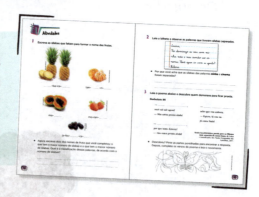

NO DIA A DIA

Nesta seção, você vai estudar a gramática em situações de uso e compreender que ela está presente em nosso dia a dia.

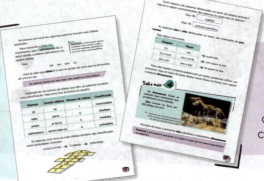

AMPLIANDO O VOCABULÁRIO

Algumas palavras estão destacadas no texto e o significado delas aparece sempre na mesma página. Assim, você pode ampliar seu vocabulário.

SAIBA MAIS

Boxe com curiosidades e dicas sobre o conteúdo estudado.

ORTOGRAFIA

Nesta seção, você vai conhecer regras ortográficas e realizar várias atividades para fixar seu aprendizado.

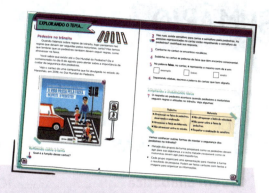

EXPLORANDO O TEMA...

A seção aborda temas variados para você refletir, ampliar seu conhecimento e discutir suas ideias com seus familiares e amigos.

EXPLORANDO O MINIDICIONÁRIO

Nesta seção você terá oportunidade de explorar o Minidicionário que acompanha a coleção para descobrir o significado de palavras.

PENSAR, REVISAR, REFORÇAR

A seção traz atividades que retomam alguns conteúdos estudados no decorrer da Unidade.

SUGESTÕES PARA O ALUNO

No final do livro, você vai encontrar indicações de livros, CDs, filmes e *sites* para complementar seus estudos.

≷ Material complementar ≷

MINIDICIONÁRIO

Minidicionário ilustrado que o ajudará a descobrir o significado de palavras.

≷Quando você encontrar estes ícones, fique atento!≷

 Em dupla    Em grupo   Oral   No caderno

SUMÁRIO

Ilustra Cartoon/Arquivo da editora

UNIDADE 1

LETRAS, SÍLABAS, PALAVRAS

RECREAÇÃO

Entre nesta roda

- O seu recreio se parece com o mostrado na imagem? O que você costuma fazer?
- O que as crianças da cena estão fazendo na fila?
- Qual brincadeira aparece na cena?

Nesta Unidade vamos estudar...

- Ordem alfabética
- Vogais e consoantes
- Encontro vocálico
- Encontro consonantal
- Dígrafo
- Sílaba e número de sílabas
- Sílaba tônica

ORDEM ALFABÉTICA

Vogais e consoantes

As letras classificam-se em **vogais** e **consoantes**.

A ordem em que elas aparecem no alfabeto é chamada de ordem alfabética.

Veja, na lista a seguir, os nomes dos alunos de uma sala escritos em ordem alfabética.

 • Quais destes nomes começam por vogal? E por consoante?

André	João	Sérgio
Beatriz	Karina	Tiago
Carolina	Luís	Ubiratan
Diogo	Marcela	Vera
Eduardo	Nélson	Wágner
Francisco	Olga	Ximenes
Gustavo	Paula	Yuri
Helena	Quitéria	Zuleica
Inês	Rui	

Na escrita, as vogais e consoantes representam os sons que usamos para falar.

Saiba mais

Você sabia que na língua portuguesa não existe palavra sem vogal?

Existem palavras formadas apenas por vogais, como **eu** e **oi**.

Outras são formadas por vogais e consoantes, como **areia** e **pedra**. Mas não existe palavra formada só por consoante.

Atividades

1 Escreva as vogais que iniciam cada nome destas crianças.

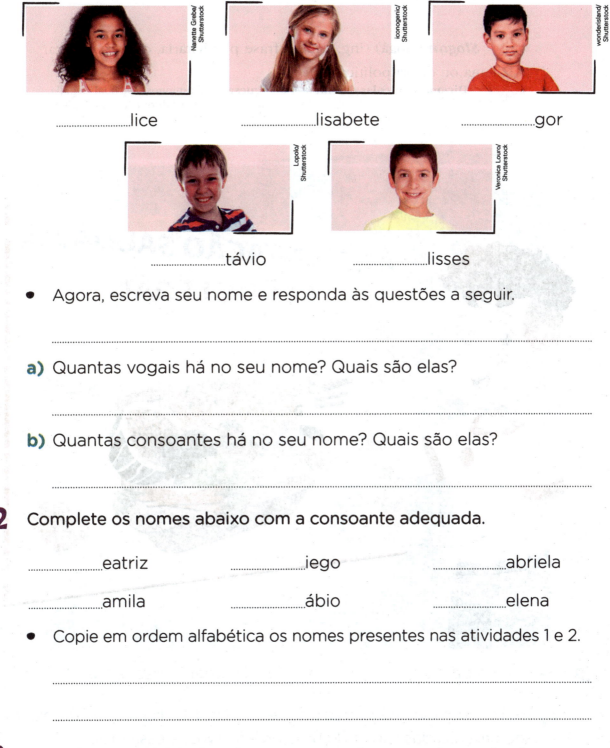

.....................lice   ....lisabete   ....gor

.....................távio   ....lisses

- Agora, escreva seu nome e responda às questões a seguir.

....

a) Quantas vogais há no seu nome? Quais são elas?

....

b) Quantas consoantes há no seu nome? Quais são elas?

....

2 Complete os nomes abaixo com a consoante adequada.

.....................eatriz   ....iego   ....abriela

.....................amila   ....ábio   ....elena

- Copie em ordem alfabética os nomes presentes nas atividades 1 e 2.

....

....

3 O professor escreverá na lousa o nome de seus colegas de classe. Copie-os no seu caderno, em ordem alfabética.

4 Alguns alunos se reuniram para criar um *slogan* para uma campanha sobre a importância de uma alimentação saudável.

Para saber o que é *slogan*, eles procuraram o significado dessa palavra em um dicionário. Veja:

> **Slogan** (slogã) (ing.) s.m. **1** frase publicitária, concisa e clara. **2** lema ou divisa política.
>
> **Dicionário escolar da Língua Portuguesa**, de Domingos Paschoal Cegalla. São Paulo: Companhia Editora Nacional, 2008.

a) Na sua opinião, para que serviu o dicionário, nesse caso?

b) Explore um dicionário e depois responda: No dicionário, as palavras são organizadas seguindo uma ordem. Qual é essa ordem?

5 Complete o nome dos alimentos representados abaixo.

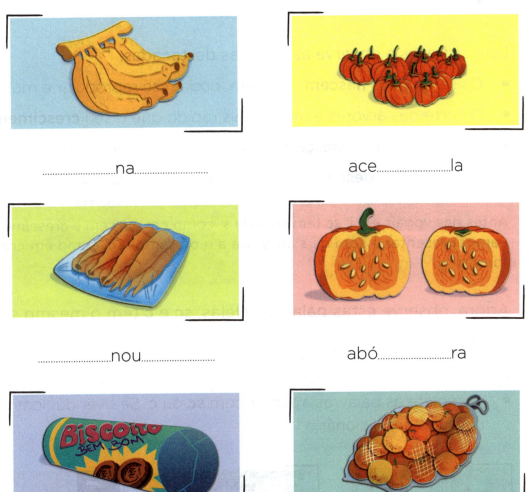

...........................na...........................

ace........................la

...........................nou...........................

abó........................ra

biscoi...........................

...........................ran...........................

6 Junte-se a um colega e descubram novas palavras trocando as vogais destacadas.

b**a**la →...

m**o**le →...

g**a**lo →...

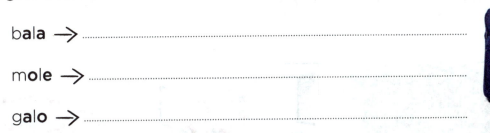

• Agora, escreva as novas palavras em ordem alfabética.

....

....

Ortografia ⇉ sc, sç

1 Leia as frases e observe as palavras destacadas.

- Os seres vivos **nascem**, crescem, podem se reproduzir e morrem.

- O corte das árvores é muito mais rápido que o seu **crescimento**.

- Para que a planta **cresça**, ela precisa de terra, água, ar e da luz do Sol.

- Todos os dias **desço** pelo elevador e levo meu cachorro para passear.

> Antes das vogais **e** e **i**, **sc** tem som de **s**, como em nascem e crescimento. Para representar o som de **s** antes de **a** e **o** usamos **sç**, como em cresça e desço.

Agora, observe estas palavras. Nelas, **sc** e **c** têm o mesmo som.

> crescimento   precisa

- Complete as palavras a seguir com **sc** ou **c**. Se tiver dúvidas, consulte um dicionário.

na..................er

na..................ente

fa..................es

flore..................er

pa..................iente

pi..................ina

Ilustrações: Ilustra Cartoon/Arquivo da editora

2 Agora, escolha entre as palavras da atividade anterior aquelas que completam as frases. Lembre-se de consultar o dicionário, caso seja necessário.

a) Davi nada muito bem na .... do clube.

b) O cubo é uma figura geométrica com seis .... quadradas.

c) Este ano deverão .... milhares de filhotes de tartaruga.

d) A .... daquele rio fica nas montanhas.

e) .... é o mesmo que ficar cheio de flores.

f) Assim que chegou, o médico atendeu o ....

3 Preencha a cruzadinha com palavras com **sc** e **sç**.

5 letras → desça
6 letras → cresço
7 letras → piscina
11 letras → decrescente
12 letras → fluorescente

2 ENCONTRO VOCÁLICO

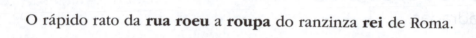

Leia este trava-língua em voz alta.

O rápido rato da rua roeu a roupa do ranzinza rei de Roma.

Você reparou que nas palavras destacadas há duas ou mais vogais juntas? Nessas palavras, temos o encontro de vogais.

Veja:

r**ua**	r**oeu**	r**ou**pa	r**ei**

Quando duas ou três vogais aparecem juntas na mesma palavra, elas formam um **encontro vocálico**. Essas vogais podem estar na mesma sílaba, como em r**ou**-pa, ou em sílabas diferentes, como em r**u-a**.

Agora, observe os encontros vocálicos das palavras a seguir e como elas se separam.

fl**au**-ta

s**a-í**-da

U-ru-g**uai**

Ilustra Cartoon/Arquivo da editora

AWAKBAGER/Shutterstock

Silvestre Machado/Opção Brasil Imagens

byvalet/Shutterstock

Atividades

1 Leia a faixa que estava na porta de um supermercado.

Ilustra Cartoon/Arquivo da editora

a) Contorne as palavras em que está faltando uma vogal.

b) Agora reescreva a faixa, corrigindo as palavras que você contornou.

....

....

....

2 Encontre no diagrama cinco palavras em que haja encontros vocálicos e contorne-as.

P	H	T	C	Y	C	T	X
B	E	S	O	U	R	O	T
L	Ç	O	R	Q	Á	A	W
R	V	T	A	K	D	L	K
M	A	B	Ç	L	I	H	U
E	Q	X	Ã	R	O	A	P
Ç	W	Z	O	F	G	D	S
L	I	V	R	A	R	I	A
T	A	L	K	R	V	C	Y

• Agora, responda às adivinhas.

a) Inseto que tem duas asas finas, cobertas por duas asas grossas e duras como casco.

Dica: as respostas estão no diagrama.

....

b) Órgão do nosso corpo que pulsa sem parar.

....

c) Estabelecimento onde são vendidos livros.

....

d) Peça usada para secar o nosso corpo após o banho.

....

e) Meio de comunicação pelo qual podemos ouvir músicas, notícias, etc.

....

3 Escreva abaixo da respectiva figura as palavras que o professor ditar.

....

....

....

....

....

....

a) Das palavras que você escreveu, contorne as que têm o encontro vocálico **ou** na mesma sílaba.

b) Qual das palavras que você escreveu tem o encontro vocálico **ai**?

....

Ortografia ⟩⟩ d, t; f, v

1 Observe e leia a capa desta revista.

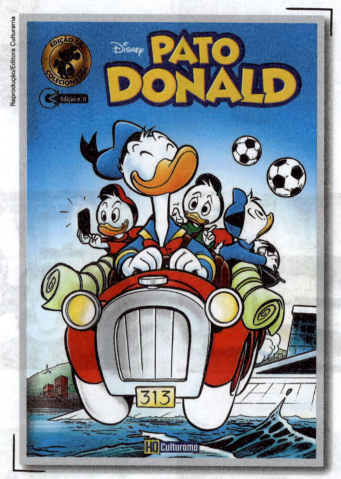

Reprodução/Editora Culturama

- Escreva o nome da revista. Pinte de amarelo a letra **t** e de azul a letra **d**.

....

....

2 Complete as palavras na frase abaixo com **t** ou **d**.

.................io Pa.................inhas é um dos personagens

de his.................ória em qua.................rinhos da

.................isney.

Carlos Cardetas/Alamy/Fotoarena

3 Leia o poema e complete as palavras destacadas com **t** ou **d**.

Feijão

Tem feijão que nasce **pre**................**o**

nasce branco ou **mula**...............**inho**.

Carioca, vermelho, **raja**.............**o**

feijão-de-**cor**.............**a** e **fra**.............**inho**.

Feijão que vira **sala**.............**a**

feijão que vira bolinho.

E tem feijão na **feijoa**.............**a**

enriqueci.............**o** com ....**oucinho**.

Prato feito, de Guto Lins. São Paulo: Prumo, 2009.

• Complete as frases abaixo com palavras do poema.

Mulatinho rima com .... Bolinho rima com

.... e com ....

4 Complete o nome dos animais. **Dica:** todos eles têm a letra **f** ou a letra **v**.

............o.........a   gol.........inh.........   g...............ã...........

.............m.....g.........   a...............u.........   ....a.......l..........

ENCONTRO CONSONANTAL

Observe a capa do livro abaixo e leia o título da história.

Observe que há duas consoantes juntas nas palavras aco**rd**ava e pala**vr**as.

> Quando duas ou mais consoantes aparecem juntas na mesma palavra, elas formam um **encontro consonantal**.
>
> No encontro consonantal, cada consoante representa um som.

O encontro consonantal pode ocorrer:

- na mesma sílaba: pa-la-**vr**as;

- em sílabas diferentes: a-co**r**-**d**a-va.

Atividades

1 Vamos formar novas palavras com encontros consonantais? Acrescente a consoante **r** ou **l** depois da primeira letra de cada palavra. Siga o exemplo.

pato → *prato* ....

pego → ....

fio → ....

feio → ....

caro → ....

paca → ....

pena → ....

fecha → ....

boa → ....

gato → ....

pano → ....

tem → ....

2 As imagens a seguir mostram materiais escolares. Observe-as e diga o nome do material em voz alta.

Livros: Prokrida/Shutterstock; lapiseira: You Touch Pix of EuToch/Shutterstock; globo terrestre: haveseen/Shutterstock; grampeador: amphaiwan/Shutterstock; caderno: akekoksomshutter/Shutterstock; régua: NRT/Shutterstock

a) Escreva o nome dos materiais em que há encontro consonantal.

....

....

b) Agora, escreva o nome dos materiais em que há encontro vocálico.

....

3 Leia e divirta-se com a história contada nesta cantiga.

O meu galinho

Faz três noites que eu não durmo,

Pois perdi o meu galinho.

Coitadinho, olá, lá,

Pobrezinho, olá, lá,

Eu perdi lá no jardim.

Ele é branco e amarelo,

Tem a crista vermelhinha.

Bate as asas, olá, lá,

Abre o bico, olá, lá

Ele faz quiriquiqui.

Já rodei o Mato Grosso,

Amazonas e Pará.

Encontrei, olá, lá,

Meu galinho, olá, lá

No sertão do Ceará.

Cantiga popular.

Ilustra Cartoon/Arquivo da editora

> Observe que na palavra **crista** há encontro consonantal na mesma sílaba (**cr**is-ta), e em sílabas diferentes (cri**s-t**a).

a) Contorne os encontros consonantais das palavras do texto.

b) Em qual dessas palavras há encontro consonantal em sílabas diferentes?

....

4 Leia o nome dos animais das fotos abaixo.

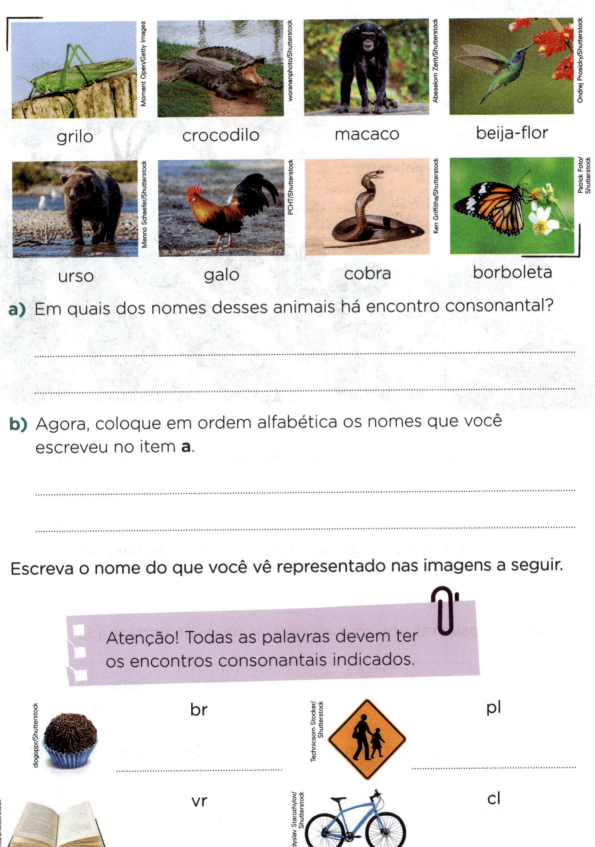

grilo

crocodilo

macaco

beija-flor

urso

galo

cobra

borboleta

a) Em quais dos nomes desses animais há encontro consonantal?

....

....

b) Agora, coloque em ordem alfabética os nomes que você escreveu no item **a**.

....

....

5 Escreva o nome do que você vê representado nas imagens a seguir.

Atenção! Todas as palavras devem ter os encontros consonantais indicados.

br

....

pl

....

vr

....

cl

....

25

Ortografia ⇒ h inicial

1 Leia a parlenda e, depois, leia em voz alta a palavra destacada.

Fui à **horta** plantar couve,

Marimbondo me mordeu.

Fui dar parte na polícia,

A polícia me prendeu.

Parlenda popular.

Ilustra Cartoon/Arquivo da editora

- A letra **h** no início da palavra **horta** representa algum som?

....

Na língua portuguesa, a letra **h**, sozinha, não representa som. Ela é usada no início de muitas palavras.

2 Leia as palavras abaixo e escreva-as na coluna adequada.

herói	Europa	aeroporto	hábito

Começam com h	Começam com vogal

3 Marque um **X** nas figuras cujo nome começa com a letra **h**.

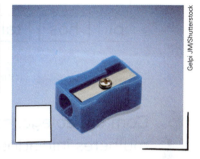

- Agora, responda às adivinhas de acordo com as figuras.

a) É um meio de transporte com o qual se pode voar.

....

b) É um terreno, grande ou pequeno, onde se cultivam verduras e legumes.

....

c) É um mamífero enorme, com boca grande e focinho largo.

....

4 Desafio! Quantas palavras iniciadas com **h** você consegue formar com as letras do quadro?
Dica: Você poderá usar a mesma letra mais de uma vez para formar as palavras.

o	i	r
a	n	t
e	g	m

....

....

....

5 Ordene as sílabas e escreva as palavras.

| li | to | pon | he |

....

| gi | ne | e | hi |

....

| ção | ha | ta | bi |

....

| hu | ris | mo | ta |

....

| pi | hos | tal |

....

| ho | a | la | te | ri |

....

6 Com um colega, escreva nomes de homens e de mulheres iniciados com **h**.

....

....

....

....

....

....

7 Você sabe ver as horas? Observe os relógios e complete as frases.

São ....

....

.... minutos.

São ....

....

.... minutos.

8 Complete a cruzadinha. **Dica:** todas as palavras começam com a letra **h**.

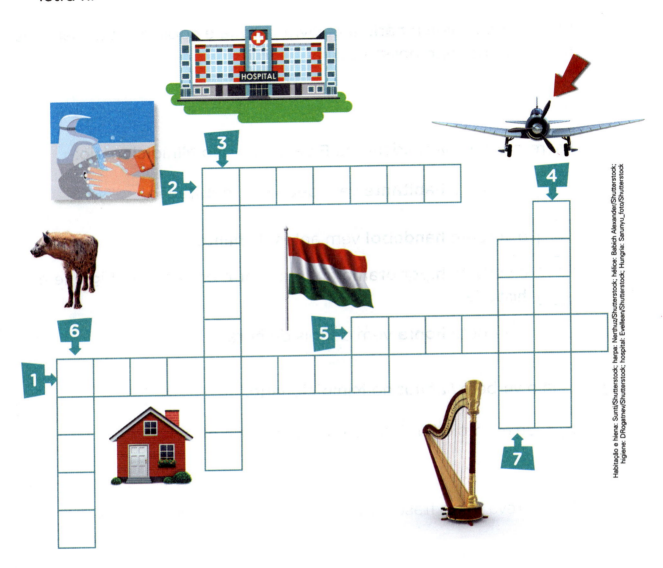

Habitação e hiena: Sunti/Shutterstock; hélice: Babich Alexander/Shutterstock; harpa: Nerthuz/Shutterstock; higiene: DRogatnev/Shutterstock; hospital: Evellean/Shutterstock; Hungria: Sarunyu_foto/Shutterstock

1. Moradia

2. Limpeza, cuidado com o corpo

3. Local para o tratamento de doentes

4. Peça com hastes que gira e movimenta aviões

5. Nome de um país

6. Mamífero de hábitos noturnos

7. Instrumento musical de cordas, bastante antigo

1 Procure no **Minidicionário** a palavra **parque** e copie as duas palavras que ficam no topo dessa página.

....

2 Escreva **V** para verdadeiro ou **F** para falso. No **Minidicionário**:

☐ o verbete **habitante** vem depois de **habitação**.

☐ o verbete **handebol** vem antes de **hálito**.

☐ o verbete **hipopótamo** aparece entre os verbetes **higiene** e **história**.

☐ o verbete **honra** vem depois de **hora**.

3 Leia o verbete *hábitat* no **Minidicionário**.

a) Que exemplo foi dado para o uso dessa palavra?

....

b) Escreva outra frase para exemplificar o uso dessa palavra.

....

....

4 Responda, consultando o **Minidicionário**.

a) Que palavra iniciada com **B** significa "embarcação grande e plana"?

....

b) Que palavra iniciada com **F** significa "boneco movimentado por fios ou com as mãos"?

....

4 DÍGRAFO

Leia os poemas a seguir e observe as palavras destacadas.

A pescaria do curumim

Curumim acordou cedo

Foi tomar **banho** no rio

Caiu na água, sem medo

Se enrolou em seus braços de frio

Curumim sentiu fome

Subiu no pé de goiabeira

Era alto, bonito, enorme!

De **olhar** dava tonteira [...]

A pescaria do curumim e outros poemas indígenas,
de Tiago Hakiy. São Paulo: Panda Books, 2015.

O nascer do dia

Lá vem o sol nascendo

A alegria chegando

As flores **desabrochando**

E os pássaros cantando [...]

A pescaria do curumim e outros poemas indígenas,
de Tiago Hakiy. São Paulo: Panda Books, 2015.

Leia em voz alta as palavras do quadro abaixo e observe o som dos grupos de letras destacadas.

ba**nh**o	o**lh**ar	desabro**ch**ando

Você reparou que os grupos de letras **nh**, **lh** e **ch** representam um único som?

A letra **h** forma dígrafo quando acompanhada das consoantes **n**, **c** e **l**. Cada um desses dígrafos representa um som.

> Quando um grupo de duas letras representa um único som, temos um **dígrafo**.

Veja outros dígrafos da língua portuguesa.

ca**rr**o

o**ss**o

gui**tarr**a

queijo

Atividades

1 Marque com um **X** apenas as palavras que contêm dígrafo.

☐ rei	☐ velha	☐ ginástica
☐ parreira	☐ vela	☐ guitarra
☐ sono	☐ chaleira	☐ unha
☐ assoalho	☐ xale	☐ quiabo

2 Observe a capa dos livros e complete as frases.

a)

A história de ....
.... foi
criada há muito tempo.

b)

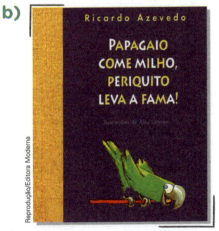

O livro ....
....
foi escrito por Ricardo Azevedo.

• Agora, contorne os dígrafos das palavras que você escreveu.

3 Distribua as palavras do quadro nos itens correspondentes

bezerro	troco	quadrado	minhoca	blusa	problema
chinelo	passeio	brotoeja	planeta	crescer	

a) Dígrafo.

....

....

b) Encontro consonantal.

....

> Não confunda dígrafo com encontro consonantal: no dígrafo, as duas letras representam apenas um som. No encontro consonantal, cada letra representa um som diferente.
>
> Os dígrafos também podem ser formados por consoante e vogal, desde que sejam pronunciadas com um único som. Exemplos: **qu**ilo, fo**gu**ete.

4 Observe as figuras e escreva dígrafos para completar as palavras da cruzadinha.

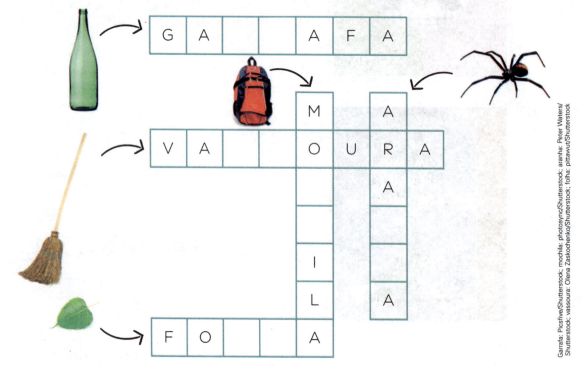

Garrafa: Picsfive/Shutterstock; mochila: photosync/Shutterstock; aranha: Peter Waters/ Shutterstock; vassoura: Olena Zaskochenko/Shutterstock; folha: pittawut/Shutterstock

5 Complete as palavras com as sílabas do quadro. Depois, escreva as palavras formadas.

| lher | ro | qui | nho | sa | gue | cho |

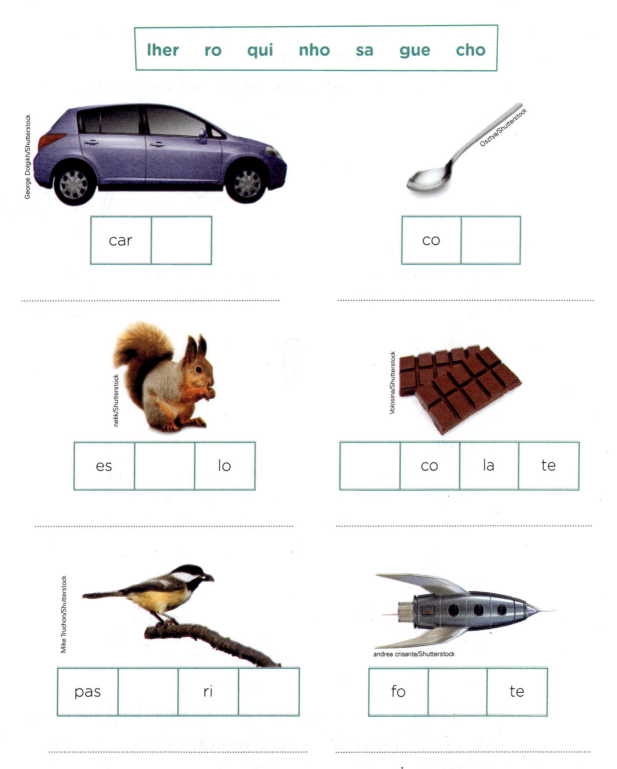

| car | |

....

| co | |

....

| es | | lo |

....

| | co | la | te |

....

| pas | | ri | |

....

| fo | | te |

....

Na separação de sílabas, as letras dos dígrafos **lh**, **nh**, **ch**, **gu** e **qu** permanecem juntas. As letras dos dígrafos **rr**, **ss** e **sc** ficam separadas.

NO DIA A DIA

Você já observou como utilizamos, no nosso dia a dia, várias palavras escritas com as letras **k**, **w** e **y** do nosso alfabeto?

Leia estes trechos do livro **Alfabeto de histórias** e descubra algumas delas.

Banco de imagens/Arquivo da editora

y Y

yoga

Yuri, o cãozinho da raça Yorkshire, nunca se separa de sua dona, a Yeda. Nem mesmo na aula de *yoga*!

w W

web

Olha, Wilson está na *web*! Lá diz que neste ano a final de windsurfe será em Waikiki. E que no ano passado, no Hawaí, Wallace ganhou por W.O. Veja só!

k K

kartódromo

A torcida invadiu a pista do kartódromo com seu *kit* de karaokê!

São Karina, Keila e Kiara, amigas de Kléber, campeão de *kart*.

Alfabeto de histórias, de Gilles Eduar. São Paulo: Ática, 2009.

Veja agora o uso das letras **k** e **y** em uma campanha publicitária.

Agora é sua vez! Com um colega, pesquise nomes comuns ou próprios e símbolos escritos com **k**, **w** e **y**.

Se possível, recorte-os de revistas e jornais e cole-os em um cartaz, mencionando onde foram encontrados.

Ortografia ⇉ lh, l; nh

1 Leia a frase a seguir. Contorne de azul a palavra que tem **lh** e de verde as palavras que têm **li**.

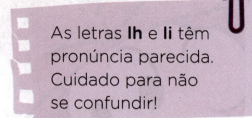

As letras **lh** e **li** têm pronúncia parecida. Cuidado para não se confundir!

Emília mostra à sua família a medalha que recebeu.

2 Leia a frase e observe as palavras destacadas.

Durante o **sono** tive um **sonho** bonito!

• Responda: o que faz a palavra **sono** virar a palavra **sonho**?

....

....

3 Contorne no diagrama três palavras com **lha** e três palavras com **lia** e copie-as.

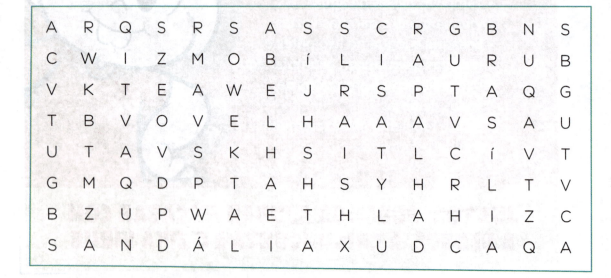

A	R	Q	S	R	S	A	S	S	C	R	G	B	N	S
C	W	I	Z	M	O	B	Í	L	I	A	U	R	U	B
V	K	T	E	A	W	E	J	R	S	P	T	A	Q	G
T	B	V	O	V	E	L	H	A	A	A	V	S	A	U
U	T	A	V	S	K	H	S	I	T	L	C	í	V	T
G	M	Q	D	P	T	A	H	S	Y	H	R	L	T	V
B	Z	U	P	W	A	E	T	H	L	A	H	I	Z	C
S	A	N	D	Á	L	I	A	X	U	D	C	A	Q	A

....

....

....

4 Escreva cada frase ao lado da respectiva cena.

> Os passarinhos nasceram no ninho.

> O pintinho amarelinho cisca o chão com seu pezinho.

....

....

....

....

....

....

5 Leia este diálogo.

PREENCHI A FICHA, MAS ESQUECI A PARTE DA FILHIAÇÃO!

É FILIAÇÃO QUE SE FALA! EU PREENCHI TUDO...

a) Na sua opinião, quem está certo?

b) Abra o **Minidicionário** na letra **F** e confirme sua resposta.

Leia abaixo um trecho do poema **Saltimbada**.

Saltimbada

O Sal tim ban co

sal...

    tim...

        ba...

          va...

de lá   pra cá

de cá   pra lá

sem se preocupar
se o salto
– flecha sem arco –
cairia em Itu
ou em Jacarepaguá.

Dia brinquedo, de Fernando Paixão. São Paulo: Ática, 2004.

No poema que você leu, algumas palavras tiveram suas sílabas separadas.

Para transmitir a ideia dos movimentos que o **saltimbanco** faz, o autor dividiu a palavra saltimbanco em quatro sílabas.

Saltimbanco: artista popular que faz acrobacias, salta e brinca, sempre com muita agilidade. Apresenta-se em circos, feiras e praças públicas.

Veja:

Sal   tim   ban   co

Você já sabe que **sílaba** é o som ou grupo de sons que se pronuncia de uma só vez.

As palavras podem ter uma, duas, três, quatro ou mais sílabas.

Dependendo do número de sílabas que têm, as palavras recebem uma classificação. Veja como isso acontece no quadro.

Palavras	Divisão silábica	Número de sílabas	Classificação
cá	cá	1	monossílaba
salto	sal-to	2	dissílaba
artista	ar-tis-ta	3	trissílaba
saltimbanco	sal-tim-ban-co	4	polissílaba

As palavras com cinco ou mais sílabas também são classificadas como polissílabas. Exemplo:

a-ma-re-li-nha $\rightarrow$ 5 sílabas $\rightarrow$ polissílaba

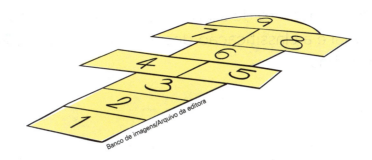

Banco de imagens/Arquivo da editora

Atividades

1 Escreva as sílabas que faltam para formar o nome das frutas.

.................-ba-ca-.................

tan-.................-ri-.................

ma-.................

mo-ran-.................

ja-bu-.................-ca-.................

- Agora, escreva dois dos nomes de fruta que você completou: o que tem o maior número de sílabas e o que tem o menor número de sílabas. Qual é a classificação dessas palavras, de acordo com o número de sílabas?

....

....

2 Leia o bilhete e observe as palavras que tiveram sílabas separadas.

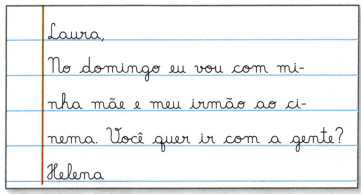

Laura,

No domingo eu vou com mi-

nha mãe e meu irmão ao ci-

nema. Você quer ir com a gente?

Helena

- Por que você acha que as sílabas das palavras **minha** e **cinema** foram separadas?

....

....

3 Leia o poema abaixo e descubra quem demorava para ficar pronta.

Borboleta 88

— ....,

você vai sair agora?

— Não estou pronta ainda!

— ....,

por que tanta demora?

— Não estou pronta ainda!

— ....,

acho que vou embora...

— Espera. Aí vou eu...

Já estou linda!

Bebês brasileirinhos: poesia para os filhotes mais especiais da nossa fauna, de Lalau e Laurabeatriz. São Paulo: Companhia das Letrinhas, 2017.

- Descobriu? Pinte as partes pontilhadas para encontrar a resposta. Depois, complete os versos do poema e leia-o novamente.

Ilustra Cartoon/Arquivo da editora

4 Escreva o nome que você descobriu na atividade 3 e separe as sílabas.

....

Essa palavra é:

☐ monossílaba. ☐ dissílaba. ☐ trissílaba. ☐ polissílaba.

5 Organize as sílabas de acordo com as cores e forme palavras.

chu	co	qui	es	bra	va	e	la	lho	lo

■ + ■ = ...

■ + ■ + ■ = ...

■ + ■ = ...

■ + ■ + ■ = ...

■ + ■ = ...

■ + ■ + ■ = ...

• Agora, responda às perguntas com as palavras que você formou.

a) Quais nomes de animais começam com a mesma sílaba?

....

b) Qual palavra dissílaba indica um fenômeno da natureza?

....

c) Qual palavra dissílaba é uma unidade de medida de massa?

....

d) Quais são as duas palavras trissílabas que têm apenas a última sílaba diferente?

....

EXPLORANDO O MINIDICIONÁRIO

1 Abra o **Minidicionário** na letra **A**.

a) Qual é a palavra com maior número de sílabas? Quantas sílabas ela tem?

....

b) Qual é a palavra trissílaba que significa "local onde são vendidos diversos tipos de carne"?

....

c) Copie o nome da árvore que dá um fruto chamado açaí e classifique-o quanto ao número de sílabas.

....

> Em alguns dicionários as palavras aparecem divididas em sílabas.

2 Abra o **Minidicionário** na letra **S** e copie:

a) as palavras polissílabas que têm **s** e **c** com o mesmo som.

....

b) uma palavra trissílaba que dá nome a um peixe.

....

c) três palavras monossílabas.

....

3 Abra o **Minidicionário** na letra **P** e copie as palavras em que o **s** tem o mesmo som de **ss**.

....

Ortografia → s, ss; c, ç

1 Leia as palavras do quadro em voz alta e preste atenção ao som das letras destacadas.

sapato	palha**ç**o	diver**s**ão	a**ç**úcar	profe**ss**ora
ma**ss**a	**c**inema	**s**en**s**ível	**c**elular	li**ç**ão

* Agora, complete a frase com uma das palavras entre parênteses.

Todas as letras destacadas têm som ....

(diferente/semelhante)

2 Distribua as palavras da atividade 1 conforme indicado.

s	
ss	
c	
ç	

3 Escreva o nome das figuras a seguir.

....

....

4 Complete as palavras com **s**, **ss**, **c** ou **ç**.

- a.................úcar
- ....ábado
- pen.................amento
- aniver.................ário

- ....inema
- so.................egado
- almo.................ei
- almo.................o

- en.................ino
- ....edo
- dan.................arina
- ma.................io

Usa-se **s** no início da palavra e depois de consoante.

Usa-se **ss** entre duas vogais, para representar o som **sê**.

Usa-se **ç** somente antes das vogais **a**, **o** ou **u** e nunca em início de palavra.

5 O que é, o que é? Responda com base nas dicas.

a) Personagem do folclore brasileiro.
Começa com a letra **s**.

b) Árvore cujos frutos são maçãs.
A segunda sílaba é **ci**.

c) Um dos meses do ano. A última
sílaba tem **ç**.

d) Parte do corpo humano. A primeira
sílaba é **cé**.

e) Réptil enorme que viveu na Terra
há milhões de anos. Tem **ss**.

6 Escreva na coluna correta as palavras que o professor vai ditar.

s	ss	c	ç

Leia o texto.

Uma aula de música do meu avô

Eu sempre gostei muito de música.

Hoje, que sou adulto, dou aula de música na universidade e escrevo sobre música no jornal. Gosto tanto de música que não aguento ouvir todo dia. Só ouço quando posso prestar atenção de verdade: quando sinto que estou pronto para escutar. Porque a música me toca mais do que qualquer outra coisa.

Mas não é bem de música que eu quero falar. Quero falar do meu avô. Ou melhor: de uma cena que eu lembro, da minha infância, e que tem a ver com a música e com o meu avô.

Ele se chamava Maurício e foi com ele que eu comecei a ouvir música. O vô Maurício não tocava nada, não era capaz nem de assobiar o Hino Nacional, mas escutava música sempre no rádio ou no toca-discos. Assim que percebeu que eu também gostava de música, passou a me levar aos concertos com ele. E foi só ir a um concerto que comecei a incomodar meus pais, pedindo para ter aula de música. Tanto incomodei, que eles me puseram numa escola para aprender flauta doce.

[...]

Histórias de avô e avó, de Arthur Nestrovski.
São Paulo: Cia. das Letrinhas, 2014.

As palavras a seguir foram retiradas do texto. Leia-as em voz alta, pronunciando com mais força a sílaba destacada, que é a mais forte da palavra.

música	es**co**la	aten**ção**

A sílaba que pronunciamos com mais força nas palavras é chamada de **sílaba tônica**.

A sílaba tônica varia de posição nas palavras. Leia novamente as palavras abaixo e observe a posição em que ela pode aparecer.

| **mú**sica | es**co**la | aten**ção** |

Antepenúltima sílaba	Penúltima sílaba	Última sílaba
mú	si	ca
es	**co**	la
a	ten	**ção**

Dependendo da posição da sílaba tônica, as palavras recebem uma classificação. Veja a seguir.

- **oxítonas**: quando a sílaba tônica é a **última**.

| apon**tar** |

- **paroxítonas**: quando a sílaba tônica é a **penúltima**.

| me**ni**no |

- **proparoxítonas**: quando a sílaba tônica é a **antepenúltima**.

| **lá**grima |

Ilustra Cartoon/Arquivo da editora

Atividades

1 Descubra o segredo e distribua as palavras nas colunas correspondentes. **Dica**: observe a sílaba tônica das palavras presentes no topo de cada coluna.

balão	casamento	borboleta	último
pêssego	pote	espetáculo	patins café

pétalas	sapato	futebol

2 Leia as palavras e separe as sílabas. Depois, contorne a sílaba tônica e indique sua posição. Veja o exemplo.

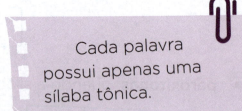

Cada palavra possui apenas uma sílaba tônica.

Palavra	Separação silábica	Posição da sílaba tônica
sábado	(sá)-ba-do	antepenúltima
plantação		
mecânico		
álbum		
cidade		
tamanduá		

3 Nestas palavras estão faltando as sílabas tônicas. Quais são elas?

- inseti............da
- ....xa
- his............ria
- hipo............tamo
- ....dico

- ....culos
- ho............copo
- assombra................
- rega................
- pai............gem

A sílaba tônica pode ter acento gráfico ou não.

4 Leia em voz alta as palavras abaixo e contorne a sílaba tônica.

espacial   sideral   Lua

planeta   Plutão   Astronomia

- Agora, use essas palavras para responder às adivinhas a seguir.

a) É dissílaba e tem sílaba tônica na última sílaba.

....

b) É dissílaba e tem sílaba tônica na penúltima sílaba.

....

c) É trissílaba e tem sílaba tônica na última sílaba.

....

d) É trissílaba e tem sílaba tônica na penúltima sílaba.

....

e) É polissílaba e tem sílaba tônica na última sílaba.

....

f) É polissílaba e tem sílaba tônica na penúltima sílaba.

....

5 O texto abaixo fala da invenção do motor. Vamos descobrir mais?

1.

Você já sentou em uma carruagem puxada por cavalos? Ou já andou em um elefante? Quando ainda não existiam carros, as pessoas utilizavam animais para andar mais rápido ou com mais facilidade. Mas e se você quisesse ir ainda mais rápido? Nesse caso, você precisaria de um motor.

2.

O primeiro motor era uma máquina a vapor muito barulhenta. Ela bufava, batia, chiava e assobiava. Com essa máquina a vapor era possível colocar qualquer veículo em movimento, como um trem ou um barco, por exemplo.

Grandes invenções, de Jozua Douglas. São Paulo: Brinque-Book Saber, 2015.

● Forme palavras com as sílabas do quadro para completar as frases.

pi	le	ve	do	te	í	a
e	cu	mais	rá	ni	lo	fan

a) O motor faz com que os veículos andem mais ....

b) Antes de existirem carros, as pessoas se locomoviam utilizando

....

c) A máquina a vapor colocava em movimento qualquer

....

d) Além do cavalo, também era usado na locomoção humana o

....

● Agora, classifique no caderno as palavras que você escreveu como oxítonas, paroxítonas ou proparoxítonas e informe o número de sílabas que cada uma delas tem.

6 Leia o poema em voz alta e contorne a sílaba tônica das palavras destacadas.

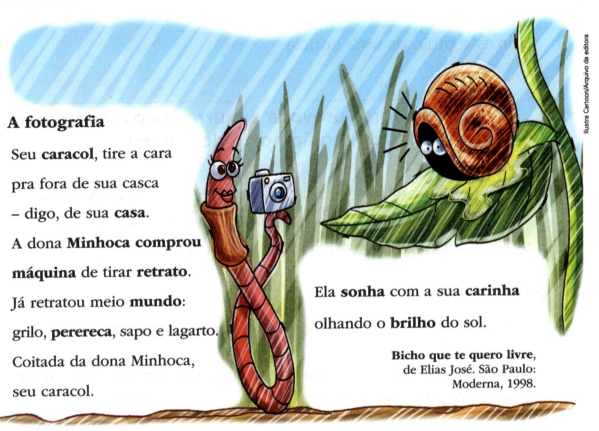

A fotografia

Seu **caracol**, tire a cara

pra fora de sua casca

– digo, de sua **casa**.

A dona **Minhoca comprou**

máquina de tirar **retrato**.

Já retratou meio **mundo**:

grilo, **perereca**, sapo e lagarto.

Coitada da dona Minhoca,

seu caracol.

Ela **sonha** com a sua **carinha**

olhando o **brilho** do sol.

Bicho que te quero livre,
de Elias José. São Paulo:
Moderna, 1998.

• Agora, escreva nos diagramas as palavras destacadas no poema, colocando as sílabas tônicas nos quadrinhos coloridos.

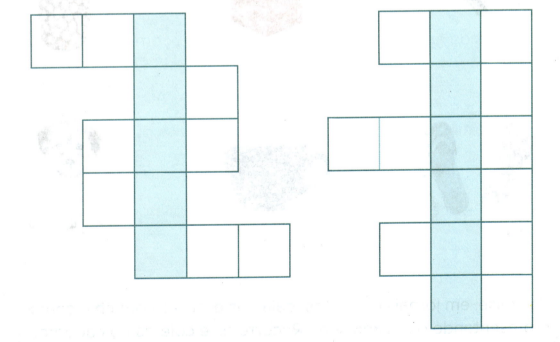

Ortografia ch, x

1 Leia este título de uma notícia.

> ## Chuva forte provoca **enxurradas** e alagamentos em cidades da região norte do Paraná

CHUVA forte provoca enxurradas e alagamentos em cidades da região norte do Paraná. Disponível em: <https://g1.globo.com/pr/norte-noroeste/noticia/2019/12/11/chuva-forte-provoca-enxurradas-e-alagamentos-em-cidades-da-regiao-norte-do-parana-videos.ghtml>. Acesso em: 5 mar. 2020.

a) Pronuncie em voz alta as palavras destacadas nesse título.

b) Agora, complete a frase.

Nessas palavras, as letras **x** e **ch** apresentam som ....

2 Escreva o nome de cada elemento apresentado nas fotos. **Dica**: todos têm **ch** ou **x** no nome.

....

....

3 Pesquise, em jornais e revistas, palavras escritas com **ch** e com **x** representando o mesmo som. Recorte-as e cole-as no caderno.

Podemos conferir se uma palavra é escrita com **ch** ou **x** procurando-a em um dicionário.

1 Complete as palavras com **ch** ou **x**. Se tiver dúvida, leia primeiro o significado de cada palavra em um dicionário.

........................EQUE: chefe de tribo árabe; o mesmo que xeique.

........................EQUE: documento bancário com o qual se efetuam pagamentos.

FI........................A: cartão para anotações.

FI........................A: firme, estável, imóvel.

RO........................A: cor violácea.

RO........................A: massa de terra muito dura; o mesmo que rochedo.

........................Á: título dado aos antigos monarcas iranianos.

........................Á: bebida preparada com ervas.

2 Procure no **Minidicionário** duas palavras com **ch** e duas com **x** em que o **ch** e o **x** tenham o mesmo som. Depois, copie-as abaixo.

....

....

....

• Agora, faça um desenho para representar uma dessas palavras.

Pedestre no trânsito

Quando falamos sobre regras de trânsito, logo pensamos nas regras que devem ser seguidas pelos motoristas, certo? Mas temos que lembrar que os pedestres também devem seguir regras, como atravessar na faixa.

Você sabia que existe até o Dia Mundial do Pedestre? Ele é comemorado no dia 8 de agosto para alertar sobre a importância de cuidar da segurança dos pedestres.

Veja o cartaz de uma campanha que foi divulgada no estado do Maranhão, em 2019, no Dia Mundial do Pedestre.

Governo do Maranhão/DETRAN

8 de Agosto - Dia Mundial do Pedestre

A VIDA PASSA PELA FAIXA. RESPEITE O PEDESTRE!

DETRAN | GOVERNO DO MARANHÃO

Refletindo sobre o tema

1 Qual é a função desse cartaz?

2 Nas ruas, existe semáforo para carros e semáforo para pedestres. As pessoas representadas no cartaz estão respeitando o semáforo de pedestres? Justifique sua resposta.

3 Contorne no cartaz os encontros vocálicos.

4 Sublinhe no cartaz as palavras da faixa que têm encontro consonantal.

5 Na palavra **faixa**, no cartaz, **x** representa o mesmo som de **x** em:

☐ exemplo   ☐ baixo   ☐ exato

6 Separando sílabas, escreva a palavra do cartaz que tem dígrafo.

Ampliando e mobilizando ideias

7 O respeito ao pedestre acontece quando pedestres e motoristas seguem regras e atitudes no trânsito. Veja algumas:

Pedestre	Motorista
■ Atravessar na faixa de pedestres, observando a sinalização. ■ Atravessar a faixa em linha reta. ■ Não atravessar entre os veículos.	■ Não ultrapassar o limite de velocidade. ■ Não parar sobre a faixa de pedestres. ■ Respeitar a sinalização do semáforo.

Vamos conhecer outras formas de manter a segurança dos pedestres no trânsito?

● Metade dos grupos da turma pesquisará como os pedestres devem agir para sua segurança, e a outra metade pesquisará como os motoristas devem agir para respeitá-los.

● Cada grupo organizará uma apresentação para mostrar à turma o resultado da pesquisa. Podem ser feitos cartazes com textos e imagens para organizar as informações.

1 Três crianças vão escolher uma brincadeira e um alimento dos cartazes a seguir.

BRINCADEIRAS

Ilustrações: Ilustra Cartoon/Arquivo da editora

ALIMENTOS

a) Responda às adivinhas da página seguinte para descobrir o que cada criança escolheu.

Alice escolheu a brincadeira cujo nome tem o dígrafo **nh** e cinco sílabas. O nome do alimento que ela escolheu tem o dígrafo **ch** e quatro sílabas.

....

....

....

Para brincar, Joel optou por um objeto cujo nome começa com a letra **b**, e vai brincar com ele em um lugar cujo nome tem **sc**. O alimento escolhido tem no nome o dígrafo **ss**.

....

....

....

A brincadeira escolhida por Vítor termina com **z** e começa com **x**. Como alimento escolheu uma fruta cujo nome tem o encontro de três vogais e começa com **g**.

....

....

....

b) Complete o quadro com as palavras que você descobriu.

Palavra	Divisão silábica

2 Contorne as sílabas tônicas das palavras a seguir.

pião	abacate	pêssego	bolo	xadrez

UNIDADE 2

FRASE E ORGANIZAÇÃO NA ESCRITA

Entre nesta roda

- O que as pessoas na imagem estão fazendo?

- Você costuma frequentar lugares parecidos com o representado na imagem? Se sim, conte sua experiência aos colegas.

Nesta Unidade vamos estudar...

- Acento agudo e acento circunflexo

- Til e cedilha

- Sinais de pontuação: ponto final, ponto de interrogação, ponto de exclamação, vírgula, travessão e dois-pontos

- Tipos de frase: declarativa, interrogativa e exclamativa

- Substantivo comum e substantivo próprio

- Substantivo coletivo

COLABORE COM A PRESERVAÇÃO DO PARQUE.

ISSO NOS TRAZ MUITOS BENEFÍCIOS!

Fabiana Faiallo/Arquivo da editora

ACENTO AGUDO E ACENTO CIRCUNFLEXO

Leia a tirinha a seguir. Observe as palavras destacadas.

Armandinho cinco, de Alexandre Beck. Florianópolis: A. C. Beck, 2015.

Leia em voz alta as palavras destacadas no texto:

só	robô	específica	é	répteis	anfíbio	jacaré	lá

Algumas palavras da língua portuguesa apresentam os sinais ´ e ˆ sobre as vogais. Eles são chamados de acento agudo e acento circunflexo.

Observamos o **acento agudo** nas palavras s**ó**, espec**í**fica, **é**, r**é**pteis, anf**í**bio, jacar**é**, l**á**.

Já o **acento circunflexo** aparece na palavra rob**ô**.

O acento agudo ´ pode ser usado sobre todas as vogais.

Quando aparece sobre as vogais **e** e **o**, ele indica que o som delas é aberto.

O acento circunflexo ˆ pode ser usado sobre as vogais **a**, **e** e **o**. Quando aparece sobre as vogais **e** e **o** indica que o som delas é fechado.

Atividades

1 Acentue as sílabas tônicas das palavras destacadas de acordo com os sinais indicados nos códigos.

♥ acento agudo   ♣ acento circunflexo

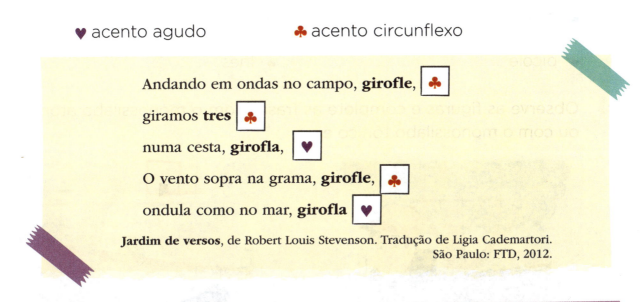

Andando em ondas no campo, **girofle**, ♣

giramos **tres** ♣

numa cesta, **girofla**, ♥

O vento sopra na grama, **girofle**, ♣

ondula como no mar, **girofla** ♥

Jardim de versos, de Robert Louis Stevenson. Tradução de Ligia Cademartori.
São Paulo: FTD, 2012.

> A sílaba que leva acento agudo ou circunflexo é sempre a **sílaba tônica** da palavra.

2 Diga, em voz alta, o nome das figuras a seguir. Depois, coloque o acento adequado em cada um deles.

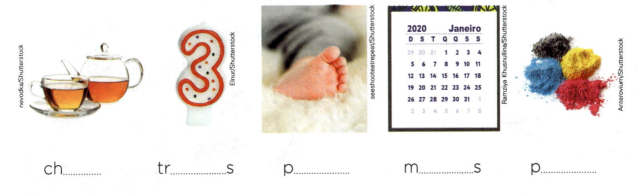

ch............   tr............s   p............   m............s   p............

💬 • Quantas sílabas têm as palavras que você acentuou?

> Palavras que têm apenas uma sílaba são chamadas monossílabos. Conforme a intensidade com que são pronunciados, os monossílabos são classificados em **átonos** ou **tônicos**.

3 Leia as palavras em voz alta. Separe-as em sílabas e acentue adequadamente aquela que é pronunciada com mais força.

- tamandua ....
- japones ....
- paleto ....
- voce ....
- picole ....
- Ines ....

4 Observe as figuras e complete as frases com o monossílabo átono **e** ou com o monossílabo tônico **é**.

Júlia .... a treinadora do time de basquete.

Júlia .... a treinadora do time de basquete.

Ilustrações: Ilustra Cartoon/Arquivo da editora

5 Numere a segunda coluna de acordo com a primeira.

1	maiô			mês do ano
2	camelo			comerciante, vendedor ambulante
3	maio			roupa usada para nadar
4	camelô			animal

6 Complete as frases com as palavras dos quadros.

pele	está	incômoda	bebe	secretaria

Pelé	esta	incomoda	bebê	secretária

a) A poltrona era muito .... por ser muito alta.

b) O cheiro forte de perfume me ....

c) .... foi um grande jogador.

d) Lavei minha .... com sabonete.

e) Você .... com fome? Coma .... torta.

f) O .... chora e .... leite.

g) Fui até a .... da escola conversar com a

....

7 Leia e complete a frase.

O acento agudo indica som .... ; o acento

circunflexo indica som ....

1 O *e-mail* é, hoje em dia, um dos meios de comunicação mais utilizados, por proporcionar a troca de informações de forma rápida e prática.

No entanto, pode acontecer de escrevermos o texto de nossos *e-mails* com tanta pressa que nos "esquecemos" de acentuar as palavras.

- Leia abaixo um *e-mail* enviado por uma garota para uma de suas colegas de classe. Ela se esqueceu de acentuar alguns monossílabos e também se esqueceu de colocar acento em alguns nomes próprios. Vamos inserir no texto os acentos que faltam?

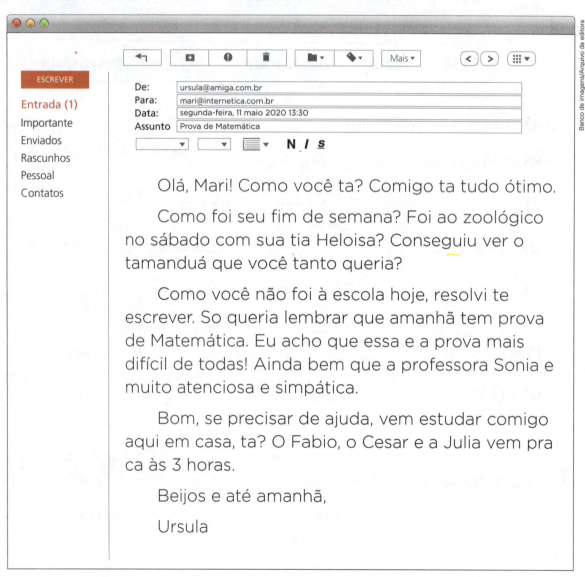

ESCREVER

Entrada (1)
Importante
Enviados
Rascunhos
Pessoal
Contatos

De: ursula@amiga.com.br
Para: mari@internetica.com.br
Data: segunda-feira, 11 maio 2020 13:30
Assunto: Prova de Matemática

Olá, Mari! Como você ta? Comigo ta tudo ótimo.

Como foi seu fim de semana? Foi ao zoológico no sábado com sua tia Heloisa? Conseguiu ver o tamanduá que você tanto queria?

Como você não foi à escola hoje, resolvi te escrever. So queria lembrar que amanhã tem prova de Matemática. Eu acho que essa e a prova mais difícil de todas! Ainda bem que a professora Sonia e muito atenciosa e simpática.

Bom, se precisar de ajuda, vem estudar comigo aqui em casa, ta? O Fabio, o Cesar e a Julia vem pra ca às 3 horas.

Beijos e até amanhã,

Ursula

Banco de imagens/Arquivo da editora

2 Leia a frase que os alunos escreveram no cartaz e observe as palavras em destaque. Se necessário, altere algumas dessas palavras para dar sentido às frases. Porém, você não pode trocar nenhuma letra.

Esta e a nossa casa!
Ela esta sendo malcuidada e pode desaparecer.

Ilustra Cartoon/Arquivo da editora

• Agora, escreva frases usando as palavras **esta**, **está**, **e**, **é**.

....

....

....

....

1 A letra **j** apresenta o mesmo som diante de qualquer vogal. Veja:

janela	jiboia	juiz	jiló	sujeira
berinjela	joelho	pijama	justiça	queijo

• Escreva nas colunas adequadas as palavras do quadro acima.

ja	je	ji	jo	ju

2 Contorne no diagrama o nome de dez árvores com a letra **j**.

C	E	R	E	J	E	I	R	A	E	C	R	O	E	J
A	A	L	A	R	A	N	J	E	I	R	A	R	D	A
J	E	Q	U	I	T	I	B	Á	V	A	D	C	O	T
U	E	L	I	A	O	J	A	Q	U	E	I	R	A	O
E	J	A	M	B	E	I	R	O	A	J	A	C	R	B
I	J	A	C	A	R	A	N	D	Á	N	O	U	E	Á
R	D	J	E	N	I	P	A	P	E	I	R	O	J	J
O	E	R	E	G	E	I	J	U	A	Z	E	I	R	O

• Agora, escreva em ordem alfabética os nomes das árvores que você encontrou.

....

....

....

....

3 Resolva as multiplicações. Depois, junte as sílabas de acordo com o resultado das operações e escreva as palavras formadas. Veja o exemplo: 3 × 2 = 6, portanto a sílaba **ca** equivale ao número 6.

3 × 2 = 6 ca	4 × 3 = ... jo	2 × 5 = ... ja	8 × 1 = ... gor	7 × 2 = ... ju
3 × 5 = ... nei	3 × 3 = ... je	6 × 3 = ... go	1 × 7 = ... ro	2 × 2 = ... ta

a) 10, 6 → ....

b) 8, 9, 4 → ....

c) 6, 14 → ....

d) 12, 18 → ....

e) 10, 15, 7 → ....

f) 6, 10 → ....

• Agora, escreva o nome de cada fruta das fotos. **Dica:** todos os nomes foram formados acima.

....

4 Complete as frases com as palavras do quadro.

jabuti   jaboticabalense   jejum   julho   judoca

a) Quem nasce na cidade de Jaboticabal é ....

b) O .... é um animal terrestre, de carapaça alta e dedos curtos.

c) Precisei ficar oito horas em .... para fazer exame de sangue.

d) O praticante de judô é chamado de ....

e) No mês de .... estaremos em férias.

5 Observe as fotos e leia as definições e características. Depois, escreva o nome do que está retratado.

a) Fruta pequena e arredondada, com casca escura e polpa branca (é polissílaba).

_____

b) Maior planeta do Sistema Solar, é o quinto planeta em ordem de distância do Sol (é proparoxítona).

_____

c) Profissional que trabalha em jornal, rádio ou TV (é polissílaba).

_____

d) É uma ave de cores brilhantes, voo muito rápido, que se alimenta do néctar das flores e de insetos muito pequenos (tem encontro consonantal).

_____

e) Cidade localizada no litoral, capital do estado de Sergipe (é oxítona).

_____

8 TIL E CEDILHA

Você conhece esta cantiga? Cante com seus colegas.

O pião

> O **pião** entrou na roda,
>
> O **pião**
>
> O **pião** entrou na roda,
>
> O **pião**
>
> Roda, **pião**, bambeia, **pião**
>
> Roda, **pião**, bambeia, **pião**
>
> Cantiga popular.

Ilustra Cartoon/Arquivo da editora

- Qual palavra está destacada no texto? ....

- Agora, complete a frase:

Na palavra destacada foi usado o sinal ~ sobre a vogal .... para indicar o som nasal.

O til ~ é um sinal usado sobre as vogais **a** e **o** para indicar som nasal.

Leia em voz alta parte de outra cantiga e observe o som da palavra destacada.

> Nesta rua, nesta rua tem um bosque
>
> Que se chama, que se chama Solidão
>
> Dentro dele, dentro dele mora um anjo
>
> Que roubou, que roubou meu **coração**
>
> Cantiga popular.

A cedilha ¸ é o sinal usado na letra **c**, antes de **a**, **o**, **u** para indicar o som **sê**. Nenhuma palavra começa com **ç** e não usamos a cedilha na letra **c** antes de **e** e **i**.

Atividades

1 Leia esta parlenda e coloque o **til** onde for necessário para marcar o som nasal.

Ilustra Cartoon/Arquivo da editora

BAO-BA-LA-LAO

Bao-ba-la-lao

Senhor capitao

Espada na cinta

Sinete na mao

Em tempo de mouro

Morreu meu irmao

Cozido e assado

No seu caldeirao.

Canções, parlendas, quadrinhas, para crianças novinhas, de Ruth Rocha. São Paulo: Salamandra, 2013.

2 Escreva o nome das imagens. **Dica:** todas as palavras têm til.

....

....

....

....

....

3 Complete as frases escrevendo palavras com **ç**.

a) Palhaçada quem faz é o ....

b) O vidro foi feito na ....

c) Para poupar fiz uma ....

d) .... é aquela que sabe dançar!

e) Quem faz .... é bagunceiro!

4 Troque o **c** pelo **ç** e descubra novas palavras.

- louca → ....
- peco → ....
- tranca → ....
- calca → ....
- faca → ....
- marco → ....

Cedilha é o sinal colocado embaixo da letra **c**. A cedilha muda o som e pode mudar também o significado da palavra.

5 Leia as palavras do quadro. Em seguida, pinte a vogal que vem depois de **c** e de **ç**.

dança	cinema	açude	lenço	cereja
precioso	vidraça	macieira	açúcar	espaço

- Agora, complete a frase.

  O **ç** é usado somente antes das vogais ...., ..., ...

6 Complete as palavras das frases com **s**, **ss**, **c** ou **ç**. Depois, leia-as em voz alta.

a) No meu aniver.........ário teve muita recrea.........ão para a crian.........ada!

b) Durante o pa.............eio pela ....idade tomei um ....uco de

a.............erola com a.............úcar.

7 Junte as sílabas de acordo com os números e forme palavras com **ç**.

1	2	3	4
pa	dan	ba	ço
5	6	7	8
gun	en	ri	al
9	10	11	12
gra	mo	ça	cal
13	14	15	16
ca	da	na	do

a) 1, 4, 13 → ....

b) 12, 11 → ....

c) 2, 11, 7, 15 → ....

d) 8, 10, 4 → ....

e) 3, 4 → ....

f) 6, 9, 11, 16 → ....

g) 3, 5, 11 → ....

h) 10, 11 → ....

i) 12, 11, 14 → ....

j) 9, 11 → ....

1 Encontre no **Minidicionário** palavras da mesma família das relacionadas abaixo. **Dica:** todas as palavras têm **ç**. Veja o exemplo.

colecionamos → *coleção*   atencioso → ....

comecei → ....   tradicional → ....

espacial → ....   solucionar → ....

cabecear → ....   justo → ....

bagunceiro → ....   infectar → ....

2 Com um colega, consulte o **Minidicionário** e responda:

a) Que palavra iniciada com a letra **C** significa "cada parte de um filme, de uma peça de teatro ou de uma telenovela"?

....

b) Que palavra iniciada com a letra **P** é oxítona e termina em **ão**?

....

c) Que palavra iniciada com a letra **T** é trissílaba e termina em **ã**?

....

d) Que palavra iniciada com a letra **C** é polissílaba e é da mesma família da palavra carne?

....

e) Encontre uma palavra iniciada com a letra **B** que seja trissílaba e tenha encontro consonantal.

....

....

....

Ortografia → ç; ce, ci; sc/sç

1 Complete as palavras das frases com **sc**.

a) Desde que na..............i, mamãe acompanha meu cre.................imento.

b) Depois da infância, vem a fase da adole.................ência.

2 Agora, complete as palavras das frases com **sç**.

a) De.................am devagar!

b) O importante é que todos cre.................am com saúde!

> Lembre-se: Antes de **e** e de **i**, o **sc** tem som de **s**, como em **nascimento**.
>
> Para representar o som de **s** antes de **a** e **o**, usamos **sç**, como em **desço**.

3 Leia e separe as sílabas das seguintes palavras.

nascente → ....

cresço → ....

nasçam → ....

descida → ....

> Na divisão silábica, os grupos **sc** e **sç** se separam.

• Agora, escolha uma dessas palavras para elaborar uma frase.

....

....

....

Os sinais de pontuação são utilizados para organizar a escrita e indicar o modo como um texto deve ser lido.

Observe.

Para que as mensagens das imagens acima fossem entendidas, foram usados sinais de pontuação.

O ponto de exclamação dá ênfase à frase, para que as pessoas prestem muita atenção a ela.

O ponto final encerra uma frase em que se transmitiu uma informação ou se deu uma instrução.

Leia a tirinha e observe os sinais de pontuação utilizados.

Snoopy, 9: pausa para a soneca, de Charles M. Schulz. Tradução de Cássia Zanon. Porto Alegre: L&PM.

Usamos os **sinais de pontuação** para organizar a escrita.

O ponto final **.** indica o final de uma frase, o encerramento de uma ideia.

O ponto de interrogação **?** indica uma pergunta ou dúvida.

O ponto de exclamação **!** indica surpresa, espanto, admiração, ordem.

● Copie da tirinha o texto que:

a) indica uma pergunta.

....

b) indica uma surpresa.

....

....

● Invente uma frase com ponto final para a próxima fala de um dos personagens.

....

....

....

....

Atividades

1 Leia o bilhete que Vítor recebeu de sua amiga.

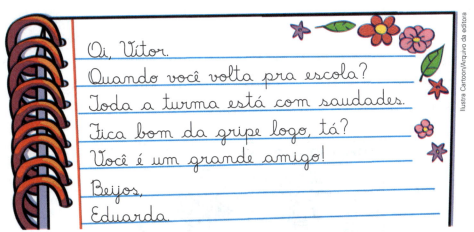

Oi, Vítor.
Quando você volta pra escola?
Toda a turma está com saudades.
Fica bom da gripe logo, tá?
Você é um grande amigo!
Beijos,
Eduarda.

a) Por que Eduarda usou o ponto de interrogação na segunda frase?

....

b) Qual foi a intenção da menina ao terminar a terceira frase com ponto final?

....

c) Copie a frase em que Eduarda usou o ponto de exclamação.

....

• Que sentimento ela está enfatizando com esse sinal de pontuação?

....

2 Leia este pequeno diálogo e faça o que se pede na página seguinte.

VOCÊ GOSTOU DO FILME?

EU NÃO! NÃO HÁ NADA DE VERDADE NELE!

a) Copie a frase que faz uma pergunta. Depois, contorne o sinal de pontuação e escreva o nome desse sinal.

 b) Copie uma frase que indica indignação. Depois, contorne o sinal de pontuação e escreva o nome desse sinal.

3 Esta história em quadrinhos tem apenas duas falas e alguns sinais de pontuação. Observe as cenas e esses sinais, imagine o que eles expressam e o que os personagens poderiam dizer.

Revista Turma da Mônica: uma aventura no parque da Mônica, de Mauricio de Sousa. São Paulo: Panini Comics, n. 32, ago. 2009.

● Escreva uma fala para substituir cada sinal de pontuação dos balões.

1º quadrinho: ....

4º quadrinho: ....

5º quadrinho: ....

Ortografia ➤ ca, co, cu; ga, go, gu

1 Leia em voz alta um trecho deste poema.

Terra dos sonhos

Corro, pulo, brinco com energia,

do café da manhã ao fim do dia.

Mas, quando a noite chega, me abandono,

parto em viagem à Terra dos Sonhos.

Pra essa viagem eu parto sozinho,

Ninguém ordena ou indica caminho.

Ando por altos e baixos no sonho,

sigo correntes, escalo montanha.

[...]

Jardim de versos, de Robert Louis Stevenson. Tradução de Ligia Cademartori. São Paulo: FTD, 2012. p. 38.

ActiveLines/Shutterstock

- Copie do texto as palavras que têm as sílabas:

a) **ca**, **co**, **cu**. ....

....

b) **ga**, **go**, **gu**. ....

Antes de **a**, **o**, **u** a letra **c** tem som de **quê**, como em **cavalo**, **comida**, **cubo**.

2 Troque a letra **c** pela letra **g** e forme novas palavras.

- calo → ....
- cata → ....

- como → ....
- corda → ....

- vaca → ....
- fico → ....

3 Escreva o nome dos animais. **Dica:** todas as palavras têm a letra **c** ou **g**.

  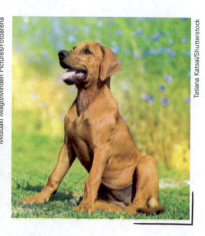

....

....

4 Complete as frases com as palavras do quadro.

| caneca | fogão | gaiola | bigode | furacão |

a) O .... que comprei tem cinco bocas.

b) Gosto de tomar leite com chocolate na ....

c) Quem gosta de pássaros não os prende na ....

d) O .... destruiu grande parte da cidade.

e) Vovô usa .... desde jovem.

Leia esta tirinha e diga o que você entendeu.

Armandinho, de Alexandre Beck. **Folha de S.Paulo**, São Paulo, 19 dez. 2015.

Na conversa entre o Armandinho e o pai dele, as palavras estão organizadas em frases.

Frase é uma palavra ou um conjunto organizado de palavras que apresentam uma ideia com sentido completo. Toda frase começa com letra maiúscula.

Leia este bilhete.

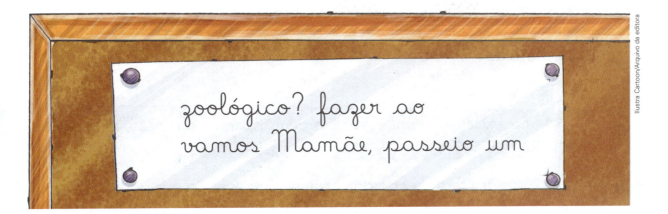

zoológico? fazer ao
vamos Mamãe, passeio um

Você conseguiu entender a mensagem do bilhete? Provavelmente não, pois as palavras não estão organizadas, ou seja, elas não formam uma frase.

Leia novamente o bilhete, agora com as palavras organizadas.

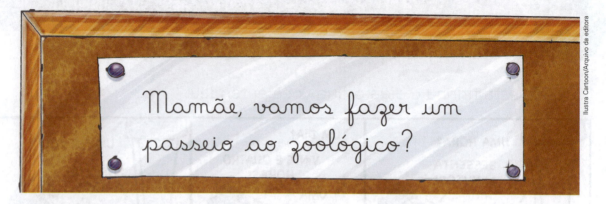

Veja a seguir os tipos de frase.

Declarativa afirmativa:

"Pensou que o marido estivesse roncando."

Declarativa negativa:

"O ruído não parava."

> A frase declarativa informa algo, afirmando ou negando. Termina com ponto final **.** .

Interrogativa:

"O que é isso?".

> A frase interrogativa expressa uma dúvida em forma de pergunta. Termina com ponto de interrogação **?** .

Exclamativa:

"Escute!"

> A frase exclamativa pode indicar ordem, espanto, admiração. Termina com ponto de exclamação **!** .

- Pense em um tema e crie duas frases envolvendo o tema escolhido, sendo uma declarativa afirmativa e outra declarativa negativa.

....

....

....

Atividades

1 Pinte o quadrinho ao lado de cada frase de acordo com o código.

🔴 frase declarativa afirmativa	🟡 frase declarativa negativa
🟢 frase interrogativa	🔵 frase exclamativa

☐ Eu não vou ao clube hoje.

☐ As crianças chegaram cedo à festa.

☐ Você quer ir ao teatro?

☐ Que linda praia!

☐ Esperei, mas você não apareceu.

2 Transforme as frases declarativas em interrogativas. Siga o exemplo.

a) O sapato de Bia é novo.

O sapato de Bia é novo?

b) Você já conhece a minha casa.

....

c) Marcos está doente.

....

d) A chuva está forte.

....

e) Mamãe ainda não chegou.

....

3 Observe as imagens e escreva frases conforme indicado.

a) frase declarativa afirmativa

_____

_____

c) frase exclamativa

_____

_____

b) frase declarativa negativa

_____

_____

d) frase interrogativa

_____

_____

4 Organize as palavras e forme frases. Depois, leia-as em voz alta e classifique-as quanto ao tipo.

a) Você cedo! chegou

_____

b) chegou Você cedo.

_____

c) não cedo. chegou Você

_____

d) cedo? Você chegou

_____

5 Leia o título dos livros a seguir.

- Bacana, de novo!
- A história de cada um
- "Por que economizar água?"

- Agora, relacione o número dos livros aos tipos de frase empregados nos títulos.

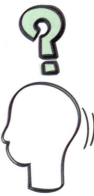

☐ frase interrogativa

☐ frase exclamativa

☐ frase declarativa

6 Escreva frases que expressem as seguintes intenções.

a) Dar uma informação sobre um animal.

....

b) Exprimir alegria, espanto ou medo.

....

NO DIA A DIA

1 Junte-se com um colega e observem as imagens a seguir.

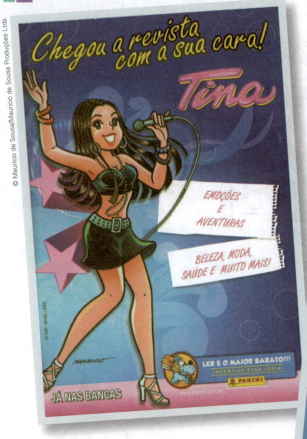

a) Como vocês devem ter notado, nos anúncios foram utilizadas uma frase exclamativa e uma frase interrogativa. Reflitam: Por que esses tipos de frase foram usados nessas propagandas?

b) Pesquisem em jornais, revistas, folhetos e panfletos diferentes propagandas em que foram usados os tipos de frase que você estudou. Reflitam sobre o seu uso, recortem os anúncios e colem-nos em um cartaz.

2 A turma do 3º ano foi a uma exposição de arte. Observe:

- Escreva as frases de acordo com o que é comentado em cada fala.

a) É uma declaração.

_____

b) É uma expressão de espanto.

_____

c) É uma pergunta.

_____

Ortografia → r em final de sílaba; r entre vogais (som brando)

1 Leia o poema.

Lagartixa-da-areia

Bom mesmo

É **viver** olhando o **mar**,

O vaivém do Sol,

Das ondas, do **luar**.

Karina Marques/Acervo da fotógrafa

Se eu fosse uma **sereia**,

Enfeitiçaria todo mundo.

Se eu fosse uma baleia,

Mergulharia lá no fundo.

Mas sou feliz assim.

Digo de boca cheia:

Bom **para** mim

É **morar** na praia

E **brincar** na **areia**.

Bem brasileirinhos, de Lalau e Laurabeatriz.
São Paulo: Cosac Naify, 2013.

• Contorne as palavras destacadas no poema de acordo com as cores.

  〰 Palavras com **r** em final de sílaba:

  〰 Palavras com **r** entre vogais:

2 Leia em voz alta as palavras do quadro.

corro	coro

• Complete cada frase com uma das palavras entre parênteses.

a) Palavras com **rr** têm som .... (fraco/forte)

b) Palavras com **r** entre vogais têm som .... (fraco/forte)

90

3 Escreva **r** ou **rr** nos espaços para completar as palavras das frases.

> A letra **r** entre vogais representa som fraco.

a) O pedrei.........o abriu um bu.........aco no mu.........o.

b) Ca.........ina caiu da cadei.........a e fe.........iu sua pe.........na di.........eita.

c) A.........umei todas as compras da fei.........a na geladei.........a.

d) Jo.........ge montou a ba.........aca debaixo do abacatei.........o.

e) O vencedo......... da co.........ida recebeu o prêmio em dinhei.........o.

4 Acrescente outro **r** entre as vogais e forme novas palavras. Depois, separe as sílabas das duplas de palavras. Veja o exemplo.

carinho	ca-ri-nho	arisco	
carrinho	car-ri-nho		

careta		muro	

5 Organize as letras do quadro e descubra as palavras que completam as frases.

o	p	r	t	a

a) Quem deixou a .... aberta?

b) A turma falou que não vai .... sair para jogar hoje.

c) O bebê nasceu de .... natural.

6 Acrescente uma vogal depois da letra **r** e forme pares de palavras. Depois, separe as sílabas das palavras. Veja o exemplo.

carta	*careta*	corda	....
car-ta	*ca-re-ta*	....	....
parda	....	morda	....
....	....	....	....

7 Complete as frases com as palavras adequadas.

ama	**arma**

a) Quem .... a natureza não usa ...., não caça animais.

pede	**perde**

b) Carla .... o lápis e é Marta quem .... um emprestado.

pena	**perna**

c) Que ....! Sérgio não vai jogar, pois está com a

.... machucada.

8 Escreva, separando as sílabas, o nome dos elementos retratados.

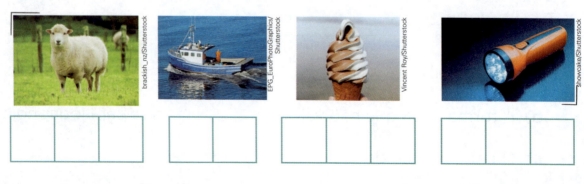

9 Encontre no diagrama oito nomes de alimentos que tenham a letra **r**. Depois, escreva os nomes encontrados na coluna adequada.

Q	E	R	U	I	A	O	N	M	A	C	B	L	A	Q	I	O
A	B	Ó	B	O	R	A	A	O	C	A	X	S	L	U	U	V
C	V	L	R	D	C	H	C	S	V	A	Q	E	C	O	J	I
E	M	I	E	C	W	J	E	F	G	T	E	R	C	C	K	E
O	L	T	Q	P	L	A	R	A	X	B	E	V	A	H	O	L
P	O	E	O	M	Q	N	O	K	E	G	J	Y	R	R	A	H
T	H	A	E	R	V	I	L	H	A	Y	V	U	N	M	S	I
W	S	A	Z	C	R	T	A	D	H	E	I	I	E	E	X	O
I	Y	R	S	A	Q	R	E	A	X	O	K	A	E	O	R	G
H	N	G	L	H	T	R	E	R	C	L	F	R	R	L	R	U
L	M	A	C	A	R	R	Ã	O	U	E	A	F	W	Z	T	R
O	A	R	S	R	V	F	E	L	A	M	W	E	I	K	Y	T
N	H	A	S	R	I	A	I	O	U	J	Q	T	E	J	U	E
G	O	A	L	O	L	O	C	E	R	E	J	A	R	E	W	D
L	E	T	Y	Z	B	A	E	R	Y	U	S	Y	F	T	A	E

r entre vogais	rr	r em final de sílaba

11 SINAIS DE PONTUAÇÃO II

Leia dois parágrafos do livro **O menino que quebrou o tempo**.

Ilustra Cartoon/Arquivo da editora

> À medida que as pessoas notavam os relógios parados na mesma hora, as coisas iam se complicando.
>
> Nos bancos, nas lojas, nas fábricas, nas repartições públicas, o expediente de trabalho se encerrava às cinco e meia. Por isso, todos continuavam a trabalhar normalmente, apesar de o dia estar escurecendo lá fora. Se os relógios marcavam dez para as cinco é porque eram dez para as cinco!
>
> [...]

O menino que quebrou o tempo, de José Maviael Monteiro.
São Paulo: Scipione, 2008.

Cada divisão do texto, marcada por uma mudança de linha e por um espaço deixado no início da nova linha, é chamada de **parágrafo**.

Leia agora mais um trecho dessa história, também dividido em parágrafos.

> [...]
>
> — Senhor Vice-prefeito, o tempo deve estar quebrado! Estamos precisando de alguém que o conserte. É urgente!
>
> Apesar do absurdo do pedido, o Vice-prefeito não discutiu. A secretária ainda tentou detê-lo:
>
> — Senhor Vice-prefeito, os relógios podem estar errados...
>
> — Todos? — perguntou ele. — Todos errados? Só se estiverem em greve — disse sorrindo.
>
> [...]

O menino que quebrou o tempo, de José Maviael Monteiro.
São Paulo: Scipione, 2008.

Para marcar o início da fala de cada pessoa foi utilizado o sinal ▬, chamado de **travessão**. Veja:

"▬ Senhor Vice-prefeito, os relógios podem estar errados..."

> **Travessão** é o sinal que indica, entre outros casos, a introdução da fala de alguém.

Para indicar que a pessoa vai falar, foi utilizado o sinal :, chamado de **dois-pontos**. Veja:

"A secretária ainda tentou detê-lo:"

> Os **dois-pontos** são usados, entre outros casos, para indicar que alguém vai falar.

Leia, agora, a estrofe de um poema.

Noites de vento

Quando lua e estrelas se escondem,

e o vento sopra forte, brutal,

por toda a noite gelada, escura,

um cavaleiro segue fatal.

Tarde da noite, trevas sem fim,

por que cavalga, cavalga assim?

[...]

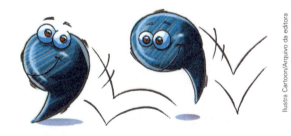

Jardim de versos, de Robert Louis Stevenson. Tradução de Ligia Cadernatori. São Paulo: FTD, 2012. p. 48.

Nesse poema, quase todos os versos terminam com o sinal ,, chamado de **vírgula**. Ela marca uma pausa na leitura.

A vírgula também pode ser usada para fazer uma enumeração.

"Nos bancos, nas lojas, nas fábricas, nas repartições públicas, o expediente de trabalho se encerrava às cinco e meia."

> A **vírgula** é um sinal de pontuação usado para indicar uma pequena pausa na leitura ou enumerar os elementos de um texto.

Atividades

1 Empregue os sinais de pontuação, escrevendo-os nos espaços adequados. **Dica**: você vai usar ponto final **.**, vírgula **,**, dois-pontos **:**, travessão **—** e ponto de interrogação **?**.

Ontem encontrei um amigo que não via há muito tempo( ) Fui logo perguntando( )

( ) Como vai( ) Pedro( )

( ) Tudo bem( ) E você( )

( ) Eu estou ótimo( ) Onde você está estudando( )

( ) Minha escola fica perto da minha nova casa( ) respondeu ele( )

2 Escreva a vírgula onde for necessário.

a) Porto Alegre 27 de fevereiro de 2020.

b) Belo Horizonte 4 de março de 2016.

c) Goiânia 22 de maio de 2014.

> Na indicação de local e data, a vírgula é usada para separar o nome da cidade e as informações de dia, mês e ano.

3 Empregue a vírgula onde for preciso.

a) Meu novo endereço é rua das Pitangueiras 307.

b) Uma loja de brinquedos foi inaugurada na praça Tiradentes 45.

c) Meus vizinhos se mudaram para a avenida dos Andradas 151.

> Nos endereços, a vírgula é usada para separar o nome da rua e o número.

4 As vírgulas foram retiradas do texto original. Recoloque-as.

Ela viu o pai de longe
levantou-se da cadeira
correu na direção dele
e o abraçou.

5 Pinte os sinais de pontuação no texto de acordo com o código.

〰	ponto final	〰	ponto de exclamação
〰	travessão	〰	dois-pontos
〰	vírgula	〰	ponto de interrogação

Carolina estava com um problema difícil em sua cabecinha de criança. É que seu avô, muito brincalhão, lhe havia perguntado:

— Carolina, a água do mar é viva?

— Bem, vovô... Eu acho que não... Ela é como todas as águas, só que é muito salgada!

— Então, como é que ela se mexe tanto, subindo e descendo na praia, formando ondas que batem com força nas pedras?

Carolina ficou confusa. E, para resolver a questão, decidiu colher um pouco da água bem agitada do meio de uma onda bem forte.

[...]

Aventuras de uma gota d'água, de Samuel Murgel Branco. São Paulo: Moderna, 2002.

 • Reúna-se com seus colegas e responda: por que foram usados os sinais de pontuação que vocês pintaram?

1 Leia o texto e contorne as palavras com **qu**.

[...]

Nos bons tempos, quando éramos só eu e ele, nós podíamos fazer o que desse vontade. Se a gente quisesse brincar de fazer bolhas no leite com chocolate na hora do almoço na escola, sem problemas.

[...]

Diário de um banana: maré de azar, de Jeff Kinney. Tradução de Alexandre Boide. São Paulo: V&R, 2014.

a) Leia em voz alta as palavras que você contornou e copie-as.

....

b) Em quais dessas palavras o **qu** representa apenas um som?

....

> **Lembre-se!**
>
> **Dígrafo** é um grupo de duas letras que, juntas, representam um único som.

c) Complete a frase.

Nas palavras .... e .... temos o

dígrafo ....

2 Ordene as sílabas para formar palavras.

ni	que	pi	que

....

te	quen

....

to	ri	qui	pe

....

do	ri	que

....

li	dor	qui	fi	di	ca

....

do	qui	lí

....

3 Leia as palavras do quadro em voz alta.

quadro	**quando**	**quati**	**aquoso**	**quadrado**	**quórum**

- Observe que, nessas palavras, a letra **u** é pronunciada. Com base nisso, responda: as letras **qu** formam dígrafo nessas palavras?

....

● quati

4 Escreva **qua** ou **quo** nos espaços para completar as palavras.

a) Minha irmã já tem ....se ....torze anos.

b) O a......................rio de parede parece um ....dro.

c) Gostei da apresentação que o ventrílo...................... fez com seu boneco.

d) Desenhamos um ....drado na folha ....driculada.

99

5 Complete as palavras com **qua** ou **cua/cuá**.

- ....ndo
- ....ntidade
- ....lquer
- ....drado
- ....tro

- pe..................ria
- re ....ram
- a..................do
- eva..................do
- agrope..................ria

> A pronúncia de **qua** e **cua** é parecida.
>
> Geralmente, **cua** não aparece no início das palavras.

a) Agora, separe as sílabas das palavras da segunda coluna e contorne as sílabas tônicas.

....

....

....

....

b) O que você pôde observar sobre a sílaba tônica dessas palavras? Escreva.

....

6 Faça como no exemplo.

- banco → *banquinho*
- coco → ....
- barco → ....
- faca → ....
- boneca → ....

- saco → ....
- macaco → ....
- pouco → ....
- boca → ....
- caco → ....

7 Escreva **qua**, **que** ou **qui** para completar as palavras da cruzadinha.

L E ☐ ☐ ☐

E S ☐ ☐ ☐ L O

A
B

☐ ☐ ☐ T R O C E N T O S

C

☐ ☐ ☐ ☐ D R A

R I ☐ ☐ ☐ Z A

E B

N R

T

A ☐ ☐ ☐ R I D A

E D

L O

A

• Agora, escreva na coluna adequada as palavras que você encontrou.

qua	que	qui

12

SUBSTANTIVO COMUM E SUBSTANTIVO PRÓPRIO

Leia o trecho de um conto de fadas.

A princesa e a costureira

Era uma vez uma princesa chamada Cíntia. Ela era a filha mais velha do rei e da rainha do reino EntreRios. Este reino tinha os limites demarcados pelas águas de dois rios que desciam das montanhas, garantindo fartura nas colheitas e trazendo música no som das cachoeiras.

Cíntia tinha uma irmã um ano mais nova, Selene. Eram muito amigas e viviam no castelo com seus pais.

O povo queria bem à família real, que era justa. Os impostos que cobrava, além de sustentarem as pessoas do castelo, financiavam benfeitorias ao reino e acudiam o povo nas emergências, como as grandes secas ou alagamentos.

[...]

A princesa e a costureira, de Janaina Leslão. Rio de Janeiro: Metanoia, 2015.

Ilustra Cartoon/Arquivo da editora

O nome da princesa mais velha é **Cíntia** e o nome da mais nova é **Selene**. **EntreRios** é o nome do reino onde elas vivem.

Cíntia e Selene moram no **castelo** com o **rei** e a **rainha**.

Todos os nomes destacados na página anterior são **substantivos**.

Os nomes **castelo**, **rei** e **rainha** são substantivos comuns. **Cíntia**, **Selene** e **EntreRios** são substantivos próprios.

O **substantivo comum** dá nome a um ser em geral, por exemplo, lugares, objetos, sentimentos, animais.

O **substantivo próprio** dá nome a um ser em particular, por exemplo, pessoas, lugares.

Veja a diferença entre o substantivo comum e o substantivo próprio.

A professora não especificou o aluno, então qualquer um poderia atender ao seu pedido. A palavra **aluno** é um **substantivo comum**.

A professora especifica João como aquele que pode lhe emprestar o livro. A palavra **João** é um **substantivo próprio**.

O substantivo comum é sempre escrito com letra inicial minúscula, exceto quando inicia uma frase.

O substantivo próprio é sempre escrito com letra inicial maiúscula, qualquer que seja sua posição na frase.

Atividades

1 Qual é o nome do sentimento que as pessoas estão vivenciando nas cenas abaixo? Consulte o quadro e escreva.

alívio	alegria	dor	tristeza	raiva	amor

Ilustrações: Ilustra Cartoon/Arquivo da editora

....

....

- Os nomes que você escreveu acima são substantivos:

  ☐ próprios.   ☐ comuns.

2 Veja estas fotos e faça o que se pede na página seguinte.

Gareth Cattermole/FIFA/Getty Images

Raphael Dias/Getty Images

● Marta   ● Lázaro

- Marque um **X** na resposta certa.

  Os nomes das pessoas são substantivos:

  ☐ próprios. ☐ comuns.

3 Leia um trecho da letra desta canção.

Papagaio Reginaldo

Havia um papagaio que chamava Reginaldo

Com uma vida natural

No meio do Pantanal.

Amigo da graúna, tartaruga e do tatu,

Vaga-lume, da cotia, jacaré e jaburu.

Tinha flores, tinha frutos, tudo era uma beleza.

Todo mundo em equilíbrio com a mamãe natureza.

E na árvore na montanha, tinha um galho e no galho

Reginaldo fez seu ninho.

Oh, que ninho! Lindo ninho!

Ai, ai, ai que amor de ninho!

O ninho no galho, o galho na árvore.

[...]

Um minutiiiinho!, de Palavra Cantada. MCD Productions, 2012.

Ilustra Cartoon/Arquivo da editora

a) Quais são os substantivos próprios desse trecho da letra da canção?

....

b) Escreva seis substantivos comuns da letra dessa canção.

....

....

....

1 As legendas acompanham imagens e descrevem ou trazem informações sobre pessoas, lugares ou sobre a situação retratada.

• Observe as fotos abaixo, leia as legendas e complete as informações com um substantivo próprio ou comum referente às palavras destacadas.

Silvio Cioffi/Folhapress

• A **cidade** do .... recebe milhares de turistas todos os anos.

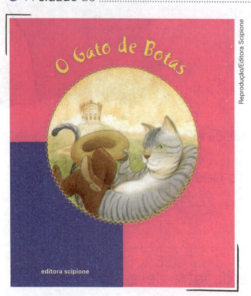

Reprodução/Editora Scipione

Divulgação/Universal Orlando Resort

• O **conto** ....
.... foi escrito por Charles Perrault e é conhecido em todo o mundo.

• **Harry Potter** é o nome do personagem de uma série de .... e .... admirada por crianças e adultos de vários países.

2 Leia o cartaz e responda às questões a seguir.

PROCURA-SE!

Cadela *poodle* branca
Adulta – de porte médio
Atende pelo nome de Violeta
Se você a encontrar, entre em contato
pelo número 27 - 2563-4419
Muito obrigada

Ilustra Cartoon/Arquivo da editora

a) Sobre o que trata o cartaz?

....

b) No cartaz, Violeta é um substantivo próprio ou comum? Justifique sua resposta.

....

....

c) Escreva uma frase em que a palavra **violeta** seja usada como um substantivo comum.

....

....

1 Leia o trecho de um poema.

Lunar

As casas **cerraram** seus milhares de pálpebras.

As ruas pouco a pouco **deixam** de **andar**.

Só a lua multiplicou-se em todos os poços e poças

Tudo está sob a **encantação** lunar...

[...]

Apontamentos de história sobrenatural,
de Mário Quintana. Rio de Janeiro: Objetiva, 2012.

Ilustra Cartoon/Arquivo da editora

a) Separe as sílabas das palavras destacadas no poema.

cerraram → ⬚ ⬚ ⬚

deixam → ⬚ ⬚

andar → ⬚ ⬚

encantação → ⬚ ⬚ ⬚ ⬚

b) Agora, complete a frase.

Todas as palavras do **item a** têm alguma sílaba terminada em

.... ou ....

2 Encontre no quadro as sílabas necessárias para completar as palavras. **Dica:** você poderá usar as sílabas mais de uma vez.

da	ra	tra	te
pa	bu	ção	fe
zol	po	co	la

- em ....
- en ....
- bam ....
- an ....

- com ....
- con ....
- ban ....
- am ....

a) Agora, responda: Quais consoantes aparecem depois de **m**?

....

b) Quais consoantes aparecem depois de **n**?

....

Usamos **m** antes de **p** e **b** e no final de algumas palavras.

Usamos **n** antes de todas as outras consoantes e no final de algumas palavras.

3 Pesquise em jornais e revistas outras palavras escritas com:

a) **m** antes de **p** e **b**.

....

....

b) **n** em final de sílaba.

....

....

13

SUBSTANTIVO COLETIVO

Leia a seguinte curiosidade.

> Quando nasce um bebê elefante, toda a atenção da **manada** se volta para ele.
>
> Se a mãe do bebê elefante morrer, todos os membros da manada ajudarão a cuidar do filhote.

David Steele/Shutterstock

Manada é o substantivo que dá nome a um grupo de elefantes.

Os substantivos que nomeiam grupos são classificados como **substantivos coletivos**.

Coletivo é o substantivo que, mesmo estando no singular, indica um conjunto de seres da mesma espécie: pessoas, animais, plantas ou coisas.

A palavra **bosque**, por exemplo, está no singular, mas indica muitas árvores.

Veja no quadro abaixo alguns exemplos de substantivos coletivos.

Substantivos coletivos

alcateia: de lobos

Greg Toope/Shutterstock

alfabeto: de letras

armada: de navios de guerra

arvoredo: de árvores

atlas: de mapas

banda: de músicos

batalhão: de soldados

biblioteca: de livros

Luciana Whitaker/Pulsar Imagens

bosque: de árvores

caravana: de viajantes; de peregrinos

cardume: de peixes

década: dez anos

elenco: de atores, de artistas

enxoval: de roupas

fauna: de animais de uma certa região

flora: de plantas de uma certa região

fornada: de pães

frota: de navios; de veículos da mesma empresa

manada: de bois; de burros; de búfalos; de elefantes

matilha: de cães

molho: de chaves

N Photo/Shutterstock

multidão: de pessoas

ninhada: de aves em um ninho; de filhotes de animais

pinacoteca: de obras de arte

revoada: de pássaros

semana: sete dias

time: de jogadores

tropa: de animais de carga; de soldados

turma: de estudantes; de trabalhadores

videoteca: de vídeos

Atividades

1 Leia as frases e ligue-as às cenas correspondentes. Depois, contorne os substantivos coletivos das frases.

Fizemos um álbum com as fotografias da família.

A classe estava silenciosa para fazer a prova.

A banda foi muito aplaudida no final da apresentação.

Uma multidão aguardava a chegada do campeão olímpico.

Chico Ferreira/Pulsar Imagens

Rob Hoffman/JBE/Getty Images

Alexander Hassenstein/Getty Images for IAAF

David Burch/Alamy/Fotoarena

- Agora, numere a segunda coluna de acordo com a primeira.

1	álbum		pessoas
2	classe		fotografias
3	banda		músicos
4	multidão		alunos

2 Leia as frases e complete-as com o substantivo coletivo representado pelas figuras.

a) Com as letras do .... posso escrever o que eu quiser.

b) O .... de gaivotas voou na direção das montanhas.

c) Com o céu limpo podemos ver a .... brilhar.

d) O pescador avistou no mar um grande .... de sardinhas.

3 Complete as frases substituindo as palavras destacadas por seu coletivo.

a) Na chácara do meu avô há **muitas árvores frutíferas**.

Na chácara do meu avô há um ....

b) Aquela transportadora tem **vários caminhões**.

Aquela transportadora tem uma .... de caminhões.

c) O zelador da escola carregava **um montinho de chaves** no bolso.

O zelador da escola carregava um .... de chaves no bolso.

4 Complete as frases com o nome dos seres indicados pelos substantivos coletivos das legendas.

a)

• batalhão

Os .... fizeram exercícios ao amanhecer.

b)

• colmeia

As .... voam na direção da colmeia.

c)

• matilha

Os .... adoram passear.

d)

• rebanho

O pastor leva as

.... para pastar no campo.

e)

• penca

As .... ainda estão verdes.

f)

• arquipélago

Fernando de Noronha é formado por .... encantadoras.

5 Pinte a cena de acordo com o código.

A = azul   B = amarelo   C = verde   D = preto

Ortografia → sons do x

1 Complete o texto com as palavras do quadro.

experimentar	exagero	bruxaria
auxiliar	bruxinha	reflexo

Caxuxa é o nome de uma graciosa .... Certo dia,

ela quis .... uma nova poção mágica para diminuir o

nariz de Fix, um elefantinho. Toda vez que ele via seu ....

nas águas do lago, reclamava:

— Que .... de nariz!

Na tentativa de .... o elefantinho, Caxuxa fez a

.... mas um grande desastre aconteceu...

Texto dos autores.

Ilustra Cartoon/Arquivo da editora

• Leia em voz alta as palavras que você usou para completar o texto e marque a resposta certa.

☐ O **x** representa o mesmo som em todas as palavras.

☐ O **x** representa diferentes sons nessas palavras.

2 Complete as palavras com **x** ou **ch**. Se tiver dúvidas, consulte um dicionário.

a) Já tenho um ....ale para o meu en......................oval!

b) Preguei os gan......................os na parede.

c) Recolhi o li......................o jogado na areia que estava emaranhado nas con......................as do mar.

d) Pare de en......................otar os pássaros!

e) A flor mur......................ou por falta de água!

3 Com um colega, leia as palavras abaixo em voz alta.

exagero	fixo	lixo	abacaxi	enxergar
lagartixa	exame	exposição	explicar	exausto
oxigênio	reflexo	táxi	explosão	excursão

Ilustra Cartoon/Arquivo da editora

● Agora, escreva essas palavras no quadro de acordo com o som do **x**.

x com som de **ch**	x com som de **s**	x com som de **z**	x com som de **cs**

4 Reescreva as palavras de acordo com o código.

$$ 🙂 \rightarrow x \qquad 🏠 \rightarrow ch $$

- en🏠ente ....
- en🙂erido ....
- in🏠aço ....
- encai🙂ar ....
- en🏠imento ....

- en🙂erto ....
- acon🏠ego ....
- en🙂ergar ....
- en🏠arcar ....
- en🙂otar ....

5 Leia estas palavras.

● boxeador

● táxi

a) O som do **x** das palavras acima é igual ao som emitido ao lermos três palavras do quadro abaixo. Contorne essas palavras.

admiração	confecção	afeição
infeccionar	admissão	convicção

b) Agora, complete as frases com as palavras que você contornou.

- A .... tem muitas encomendas de novas roupas.

- Falou com .... que queria ser escritor.

- Para a ferida não ...., o paciente tomou todos os cuidados recomendados pelo médico.

6 Leia em voz alta as palavras do quadro da esquerda. Depois, leia as do quadro da direita.

máximo	externo
massa	escola
cinema	pesca

exibido	azeite
cozinha	vaso
casa	exílio

• Agora, escreva:

a) as palavras em que o som **sê** é representado por **x**.

....

b) as palavras em que o som **zê** é representado por **x**.

....

7 Ouça com atenção as palavras que o professor vai ditar e escreva-as.

....

....

....

8 Ligue cada palavra à etiqueta que descreve o som representado pelo **x**.

extrovertido

tórax

exemplo

Xavante

exercer

complexo

sexta

ameixa

x com som de **cs**

x com som de **z**

x com som de **s**

x com som de **ch**

Observe a imagem abaixo.

DIA DAS TROCAS E DOAÇÕES

Ilustra Cartoon/Arquivo da editora

1 Escreva o nome dos objetos que você vê na cena.

....

....

....

2 Com base na imagem, escreva o nome dos objetos que vão ser trocados.

a) Meio de transporte, com a sílaba **ci**, por instrumento musical com **til**.

....

b) Meio de comunicação, com acento agudo, pelo eletrodoméstico com sílaba **qui**.

....

c) Calçado, com acento circunflexo, por objeto que tem **or** no nome, que serve para pular.

....

d) Recipiente com asa, com duas sílabas **ca** no nome, pelo objeto que é usado no pescoço e tem **ar** no nome.

....

3 Escreva uma frase dizendo quem, na sua opinião, pode fazer a melhor troca. Use um dos sinais de pontuação: ponto final, ponto de interrogação ou ponto de exclamação.

....

....

....

....

4 Enumere pelo menos cinco objetos que você escolheria da imagem e escreva uma frase com eles. Não se esqueça de usar a vírgula.

....

....

....

....

3

MUITOS NOMES

JOÃO E MARIA

Entre nesta roda

- Onde você acha que as pessoas retratadas estão? A que elas vão assistir?

- Você gosta ou gostaria de ir ao cinema?

- Qual filme você já viu no cinema? Qual gostaria de ver?

ENTRADA

Nesta Unidade vamos estudar...

- Sinônimo e antônimo

- Artigo

- Substantivo: singular e plural

- Substantivo: masculino e feminino

- Substantivo: diminutivo e aumentativo

- Plural das palavras terminadas em **r**, **s** e **z**

AVENTURAS DOS DOIS IRMÃOS

SAÍDA

Você já viu a Lua à noite? Conte aos colegas.

Agora, leia o texto a seguir.

O frio pode ser quente

[...]

Por que será que numa noite a lua é tão pequenininha e **fininha** e outra noite ela fica tão redonda e **gordinha** para depois ficar de novo daquele jeito **estreitinha**?

Depende do quê?

Depende do dia que a gente vê.

[...]

O frio pode ser quente?, de Jandira Masur. Ilustração de Michele Iacocca. São Paulo: Ática, 2009.

Ilustra Cartoon/Arquivo da editora

As palavras **fininha** e **estreitinha** têm sentidos semelhantes.

Já as palavras **fininha** e **gordinha** têm sentidos opostos.

> As palavras que têm significados parecidos são chamadas de **sinônimos**.
>
> As palavras que têm significados contrários são chamadas de **antônimos**.

• Leia o texto novamente e responda.

a) Qual par de antônimos aparece no título do texto?

b) Qual poderia ser o antônimo de **estreitinha**?

c) No texto, qual é o sinônimo de **gordinha**?

Atividades

1 Contorne de **azul** as palavras que têm significado parecido e de **verde** as palavras que têm significado contrário.

> O guepardo é um dos animais mais rápidos que existem. Nenhum mamífero é mais veloz do que ele.

> O guepardo, em comparação com um urso, por exemplo, não é grande, é até pequeno. Mas sua incrível velocidade equivale à aceleração de um carro da Fórmula 1.

- Agora, complete.

.... e .... são sinônimos.

.... e .... são antônimos.

2 Leia os pares de palavras e marque a resposta certa.

> Moderno – Antigo

☐ sinônimos   ☐ antônimos

> Iniciar – Começar

☐ sinônimos   ☐ antônimos

> Além de trazer o significado das palavras, algumas vezes o dicionário apresenta seus sinônimos.

- Agora, escreva uma frase com cada par de palavras.

....

....

....

....

3 Contorne no texto as palavras repetidas. Depois, reescreva-o usando sinônimos para essas palavras.

> Ao escrever um texto, usamos sinônimos para evitar repetições de palavras.

As borboletas são lindas! Muito lindas são também suas variadas cores.

Elas têm um grande olho em cada lado da cabeça e dentro dele muitos pequenos olhos, que as ajudam a ter uma visão mais ampla. Essa mais ampla visão ajuda as borboletas a espalhar o pólen, que ajuda as flores a se reproduzir.

....

....

....

....

....

4 Escreva o antônimo das palavras destacadas.

a) Subo e **subo** o dia inteiro. Minha mãe diz: "Está com bicho-carpinteiro?".

....

b) Cadê o meu boné **novo**? Alguém viu por aí o boné que eu perdi?

....

c) Como não senti que o sanduíche estava **frio** assim que o mordi?

....

5 Em cada linha de palavras existe uma que tem significado diferente das demais. Contorne-a.

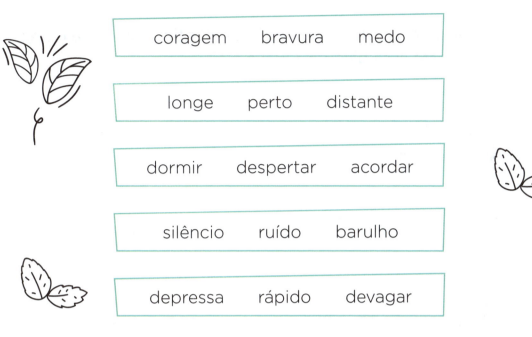

| coragem | bravura | medo |

| longe | perto | distante |

| dormir | despertar | acordar |

| silêncio | ruído | barulho |

| depressa | rápido | devagar |

6 Leia o trecho de um poema e contorne os pares de antônimos. Use uma cor diferente para cada par.

[...]

uma casa protege do frio

e é fresquinha nos dias de calor

já vi casas cortadas por rios

e uma casa transbordar de amor

de uma casa se entra ou se sai

numa casa se fala e alimenta

eu queria ser como meu pai

ter uma estante de ferramentas

[...].

Poemas com macarrão, de Fabrício Corsaletti. São Paulo: Companhia das Letrinhas, 2018. p. 20.

a) Copie os pares de antônimos que você contornou.

....

b) Encontre no texto o sinônimo de **moradia** e elabore uma frase com ele.

....

....

1 Encontre no **Minidicionário** o verbete **idêntico**. Ainda na letra I, há um sinônimo para essa palavra. Qual é ele?

....

• Agora, escreva uma frase com as palavras **idêntico** e seu sinônimo para exemplificar seu uso.

....

....

....

....

2 Consulte no dicionário os verbetes abaixo e escreva seus sinônimos.

As mesmas coisas podem ser conhecidas por nomes diferentes nas diversas regiões do Brasil.

COLOA Studio/Shutterstock

● mandioca

• abóbora ➜ ....

• mandioca ➜ ....

• carne-seca ➜ ....

• pipa ➜ ....

• tangerina ➜ ....

• guri ➜ ....

• ira ➜ ....

• quarteirão ➜ ....

• valente ➜ ....

Ortografia ⇶ ge, gi; je, ji

1 Leia estas duas quadrinhas e observe as sílabas destacadas.

G

O G é letra importante;

Como assim lo**go** se vê:

Com um G se escreve GLOBO

E o globo **GI**RA com G.

Alex Staroseltsev/Shutterstock

hin255/Shutterstock

Com J se escreve **J**ULIETA,

Com J se escreve **J**OSÉ:

Um **jo**ga na borboleta,

O outro no **ja**caré.

J

O batalhão das letras, de Mário Quintana. São Paulo: Globo, 2009.

• Agora, leia as palavras do quadro em voz alta.

g	j
galo	jaca
gelo	jeito
gira	jiló
gol	joelho
gula	Juca

A consoante **j** tem o mesmo som diante de todas as vogais.

A consoante **g** tem o mesmo som da consoante **j** antes das vogais **e** e **i**.

2 Complete o nome das figuras abaixo com **ge/gi** ou **je/ji**.

................ladeira   ....quitibá   ....rassol   ....boia

3 Escreva o nome das figuras abaixo e contorne aqueles que têm as letras **g** ou **j**.

....

....

....

4 Reescreva as frases substituindo as figuras pelas palavras correspondentes.

a) A é um animal.

....

b) Geraldo não gosta de tomar .

....

c) Mamãe trouxe uma cheia de pipoca.

....

d) Jéssica colocou no suco.

....

5 Descubra a palavra intrusa, escreva-a e desenhe-a no espaço abaixo.

| gênio |
| marginal |
| paisagem |
| garrafa |
| giratório |

....

• Explique por que essa palavra é intrusa.

....

....

ARTIGO

Você sabe reconhecer plantas venenosas? Leia um texto que fala sobre isso.

Como reconhecer algumas plantas venenosas

Muitas plantas têm partes venenosas, sejam raízes, folhas ou frutos. Às vezes, a planta inteira. Mas há alguns vegetais, em particular, que os Escoteiros Mirins devem evitar: a hera venenosa, o carvalho venenoso e o sumagre-venenoso. Essas plantas têm três pequenas folhas, chamadas de folíolos, em cada ramo. Seus frutos são esbranquiçados, mas ficam bem vermelhos no outono.

Mas não é preciso ir até o bosque para se deparar com uma planta tóxica. Muitos as cultivam em seus jardins, por serem ornamentais. Entre as mais populares no Brasil estão a comigo-ninguém-pode, de largas folhas verdes rajadas de branco, e o copo-de-leite, uma flor bastante popular. Já a mamoneira, cujas sementes de seu fruto espinhoso podem até levar à morte, dependendo da quantidade ingerida, é bem comum em terrenos baldios.

Portanto, evite contato com essas plantas. E, sobretudo, jamais coma frutos silvestres desconhecidos, por mais inofensivos que lhe pareçam.

Não coma seus frutos!

O Manual dos Exploradores Curiosos, da Equipe Donald. Caxias do Sul: Culturama, 2019.

• Segundo o texto, quais são as principais plantas que os Escoteiros Mirins devem evitar?

....

• Agora, observe:

a hera venenosa

o carvalho venenoso

uma hera venenosa

um carvalho venenoso

as heras venenosas

os carvalhos venenosos

umas heras venenosas

uns carvalhos venenosos

> Os artigos são palavras que acompanham os substantivos e ajudam a defini-los ou a generalizá-los. Os artigos são: **o, a, os, as, um, uma, uns, umas**.

Atividades

1 Complete as frases com os substantivos do quadro.

> sorvete   flores   pássaro   chave   músicos

a) As .... amarelas são as minhas favoritas.

b) O .... derreteu!

c) Um pequeno .... apareceu no jardim.

d) Uns .... tocaram na festa!

e) Tem uma .... em cima da mesa.

2 Forme frases com estas duplas de palavras. Use um artigo em cada frase.

animais	ferozes

....

cantora	famosa

....

bicicleta	nova

....

3 Leia a piada. Depois, contorne os artigos e faça um **X** nos substantivos que estão depois desses artigos.

Bicicleta nova

A garotinha vai dar uma volta na bicicleta que ganhou de aniversário e fica exibindo-se para o pai:

— Olha, pai. Sem as mãos!

Dá mais uma volta e grita:

— Olha, pai. Sem os pés!

Outra volta e pá! Dá de cara com uma árvore.

— Olha, pai. Sem os dentes.

Meu primeiro livro de piadas,
de Evelyn Heine e Ângela Finzetto.
Blumenau: Todolivro, 2004.

Ilustra Cartoon/Arquivo da editora

• Agora, distribua nas colunas adequadas os artigos e os substantivos que você contornou. Veja o exemplo.

Artigos	Substantivos
a	garotinha

4 Escreva os artigos **um**, **uma**, **uns** ou **umas** para completar as frases.

a) Deixei .... mochila e .... livros em cima da mesa.

b) A professora chamou .... dos alunos para ler o exercício.

c) Deixei cair .... pacotes dos muitos que carregava.

d) Minha família e eu vamos visitar .... orfanato hoje.

e) Vovó foi à feira comprar .... frutas.

f) Havia .... buracos enormes naquela estrada.

5 Escreva o nome dos substantivos comuns que aparecem na cena. Antes deles, coloque um dos artigos do quadro.

a	o	as	os

NO DIA A DIA

Quando você estiver em casa, olhe ao seu redor e observe todos os móveis e objetos que existem em cada um dos cômodos. Escolha um objeto de cada cômodo. Sua tarefa é desenhar e escrever uma frase com o nome dos objetos escolhidos. Não se esqueça de incluir pelo menos um artigo em cada frase.

Sala	Cozinha

Quarto	Banheiro

Ortografia — l, u em final de sílaba

1 Leia as frases e observe os pares de palavras destacadas.

Papai **moveu** o **móvel** e derrubou o vaso de flores.
Bebel bebeu suco de laranja.

- Agora, escreva as palavras destacadas embaixo da respectiva figura.

....

....

....

....

Ilustrações: Ilustra Cartoon/Arquivo da editora

2 Reescreva as palavras seguindo o código.

🟢⭐ → l	🔴♥ → u

As sílabas terminadas em **l** ou **u** depois de vogal têm pronúncia bem parecida.

a⭐finete	a⭐vo	a♥tógrafo	pape⭐
....	....	....	....

a⭐face	va⭐sa	a♥dição	trofé♥
....	....	....	....

a♥tomóve⭐	caraco⭐	barri⭐	funi⭐
....	....	....	....

a⭐deia	a♥ditório	fra⭐da	vé♥
....	....	....	....

astrona♥ta	minga♥	vara⭐	a♥tor
....	....	....	....

● Copie, dentre as palavras acima, aquelas que completam as frases a seguir.

a) A equipe vencedora da gincana ganhou um ....

b) O bebê usa .... descartável.

c) André comeu salada de ....

d) Depois do lançamento do livro de histórias no ....

da escola, as crianças pediram .... ao

....

e) Paulinho quer ser .... para conhecer o espaço.

f) Por favor, coloque estas roupas no ....

g) Você gosta de .... de aveia?

3 Complete as frases com as palavras do quadro.

calda	abril	meu	sou	agiu
Sol	ágil	cauda	abriu	mel

a) Matilde preparou a .... do pudim.

b) O pavão abriu sua .... para atrair a atenção da pavoa.

Guan jiangchi/Shutterstock

c) O juiz de futebol .... com justiça porque o

bandeirinha foi muito .... ao marcar a falta.

d) Eu .... o mais novo da classe.

e) O .... ilumina e aquece a Terra.

f) Viajarei no mês do .... aniversário, que é ....

g) A abelha produz .... nas colmeias.

h) Rodrigo .... uma caderneta de poupança para a filha.

4 Complete as frases com **mau** ou **mal**.

> **Mau** é o contrário de **bom**.
> **Mal** é o contrário de **bem**.

a) No último domingo o time de Gilberto jogou muito ....

b) Gilberto não é um .... jogador.

c) Marcelo faltou ao colégio porque estava passando ....

d) Apesar do .... tempo, o desfile não foi adiado.

SUBSTANTIVO: SINGULAR E PLURAL

16

Leia esta tirinha. Observe os substantivos destacados.

NUNCA TIVEMOS TANTO CONHECIMENTO... MAS ESTAMOS PERDENDO A VISÃO DO TODO...

VEMOS A ÁRVORE... MAS NÃO A FLORESTA!

TAMBÉM... FICAM DERRUBANDO AS FLORESTAS...

© Armandinho, de Alexandre Beck/Acervo do cartunista

beckilustras@gmail.com

Armandinho Cinco, de Alexandre Beck. Florianópolis: A. C. Beck, 2015.

 • Qual é a diferença na escrita dos substantivos destacados?

Veja:

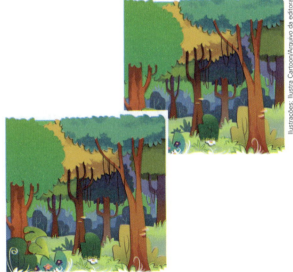

Ilustrações: Ilustra Cartoon/Arquivo da editora

floresta

↑

Refere-se a um único elemento.

singular

florestas

↑

Refere-se a mais de um elemento.

plural

Os substantivos podem estar no **singular** ou no **plural**.

Atividades

1 Complete as frases com o plural dos substantivos entre parênteses.

> Para formar o plural dos substantivos, acrescentamos **s** no final de palavras terminadas em vogal e acrescentamos **es** no final de palavras terminadas em **r, s e z**.

a) Os .... acabaram de ser pintados. (cartaz)

b) O sinal soou. As .... já vão começar. (aula)

c) Comprei os .... e os .... para a receita. (legume/tempero)

d) Subi uma escada de quase cem .... (degrau)

e) Os .... estão em reunião. (professor)

2 Leia o texto.

> "Ver **as estrelas** sempre me faz sonhar", escreveu Vincent.
>
> Ele trabalhou muito enquanto esteve em Arles, até mesmo de noite. Contam que amarrava **velas acesas** no chapéu para pintar no escuro. [...]
>
> **As cores de Van Gogh**, de Claire Merleau-Ponty. Tradução de Eduardo Brandão. São Paulo: Companhia das Letrinhas, 2014.

- Agora, escreva no singular as expressões destacadas.

....

....

3 Passe as frases para o plural ou singular, conforme o caso.

a) A professora escreveu com giz colorido.

....

....

....

....

b) Os pacientes reclamaram dos preços dos remédios.

....

....

....

....

c) O juiz condenou o réu.

....

....

....

....

d) Lá de cima, o homem viu montanha, casa e árvore.

....

....

....

....

4 Leia o texto.

Aves do Alasca

Já imaginou como seria uma **ave** com corpo de **pinguim**, bico de **papagaio**, pé de **pato** e ainda **topete** louro? Aposto que não. Mas essa ave existe e tem o nome de papagaio-do-mar-de-tufos [...]. Ele é considerado uma das aves marinhas mais lindas e diferentes do mundo e não é tão fácil encontrá-lo. Eu precisei viajar até o Alasca, nos Estados Unidos, para observar um exemplar desta **espécie**!

A viagem longa valeu a pena. Essa região, famosa pelo clima muito frio e paisagens cheias de gelo, tem uma primavera muito bonita. Na ilha de São Paulo, que fica próximo ao litoral e tem pouquíssimos **habitantes** humanos – cerca de 500! –, a natureza guarda boas **surpresas** para essa estação do ano.

[...]

Você pode estar se perguntando se essas **cores** vibrantes e esses **apetrechos** na cabeça não atraem atenção de **predadores**. [...] A resposta é boa: na verdade, a única ameaça para essa espécie na ilha de São Paulo são as raposas-do-ártico. [...]

Felizmente para os papagaios-do-mar, eles se adaptaram bem à região, adquirindo o hábito de construir seus **ninhos** em lugares inacessíveis para outros animais, como fendas nas rochas de enormes penhascos. Escapam, assim, de virar jantar de raposa! [...]

Ciência Hoje das Crianças. Disponível em: <http://chc.org.br/aves-do-alasca/>. Acesso em: 15 abr. 2020.

● papagaios-do-mar-de-tufos

● Dos substantivos destacados no texto, quais estão no singular? E no plural?

....

....

....

1 Abra o **Minidicionário** na página 19.

a) Quais são o primeiro e o último verbetes dessa página?

....

b) Esses verbetes estão no singular ou no plural?

....

c) Confira os outros verbetes da página. Algum deles está no plural?

....

2 Veja as palavras que Bia precisa procurar no dicionário. Qual palavra de cada par ela encontrará como verbete? Contorne-a.

príncipe ou **príncipes**

boletim ou **boletins**

cantina ou **cantinas**

3 Para encontrar as seguintes palavras no dicionário, de que forma você teria que procurar por elas? Escreva-a.

- gaúchos: ....
- zeladores: ....
- pinguins: ....
- jovens: ....
- automóveis: ....
- carnavais: ....
- legíveis: ....

- pincéis: ....
- gêmeos: ....
- troféus: ....
- ferozes: ....
- epidemias: ....
- difíceis: ....
- quarteirões: ....

1 Você costuma ver folhetos de lojas e supermercados anunciando promoções e liquidações? Onde você encontra textos como esses?

- Pesquise uma imagem de um folheto de supermercado e cole-a no espaço abaixo.

2 Observe o folheto do supermercado **Compre Aqui**. Ele está fazendo uma superpromoção por tempo limitado! Quem comprar mais de um produto ganhará um descontão!

● Termine de elaborar o folheto escrevendo no plural o nome dos produtos anunciados e colocando neles um precinho bem atraente.

SUPERMERCADO

COMPRE aqui

1 ESCOVA POR R$ 4,99

LEVE 3 .... E

PAGUE SÓ R$ .... !

1 XAMPU POR R$ 8,59

LEVE 2 .... E

PAGUE SÓ R$ .... !

1 CAIXA POR R$ 1,49

LEVE 12 .... E

PAGUE SÓ R$ .... !

1 GARRAFA DE SUCO POR R$ 4,99

LEVE 2 .... DE SUCO

E PAGUE SÓ R$ .... !

1 LATA POR R$ 2,10

LEVE 3 .... E

PAGUE SÓ R$ .... !

1 SABONETE POR R$ 1,20

LEVE 6 .... E

PAGUE SÓ R$ .... !

Ilustra Cartoon/Arquivo da editora

Ortografia → -isar, -izar

1 A turma do 3º ano está fazendo uma pesquisa.

Ilustra Cartoon/Arquivo da editora

- Agora, complete as frases conforme o exemplo.

a) A palavra .... *pesquisar* .... vem de **pesquisa**.

b) A palavra .... vem de **aviso**.

c) A palavra .... vem de **tranquilo**.

> Quando a palavra de origem tem **s** (pesqui**s**a, avi**s**o) na sílaba final, o verbo mantém a letra **s**: pesqui**s**ar, avi**s**ar.
>
> Quando a palavra de origem não tem **s** (tranquilo), o verbo é escrito com a letra **z**: tranquili**z**ar.

2 Complete conforme a indicação.

Substantivo	Ação terminada em **-isar**
pesquisa	*pesquisar*
análise	
improviso	
paralisia	

Substantivo	Ação terminada em **-izar**
canal	*canalizar*
símbolo	
local	
poeta	

3 Encontre no diagrama palavras que originaram verbos terminados em **-isar** e **-izar** e contorne-as.

E	P	I	S	O	N	A	E	A	C	E	P	E	N	P	L
Q	P	A	N	Á	L	I	S	E	F	S	Z	S	E	Z	O
R	E	V	I	S	Ã	O	L	U	H	L	P	L	E	P	C
T	A	R	L	I	S	O	I	N	N	I	R	I	V	R	A
R	E	A	L	F	A	R	E	W	Z	V	I	S	U	A	L
T	A	R	E	C	O	N	O	M	I	A	R	I	V	R	A

4 Escreva na coluna correta as palavras que o professor vai ditar.

Terminação **-izar**	Terminação **-isar**

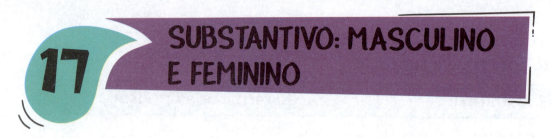

17 SUBSTANTIVO: MASCULINO E FEMININO

Leia a conversa de dois alunos e observe os substantivos destacados.

O **PROFESSOR** DE CIÊNCIAS VAI DIZER HOJE A NOTA DA PROVA!

MAS A **PROFESSORA** DE MATEMÁTICA SÓ VAI DAR A **NOTA** AMANHÃ...

SERÁ QUE NÓS FOMOS BEM NAS PROVAS?

ACHO QUE SIM, ESTUDAMOS BASTANTE!

Ilustra Cartoon/Arquivo da editora

- Quais desses substantivos são femininos?

....

- Quais dos substantivos são masculinos?

....

Os substantivos podem ser **masculinos** ou **femininos**.
Os artigos ajudam na identificação do gênero dos substantivos.

Conheça alguns substantivos nas formas masculina e feminina.

o amigo	→	a amiga	o cavaleiro	→	a amazona
o juiz	→	a juíza	o cavalheiro	→	a dama
o anão	→	a anã	o cavalo	→	a égua
o ladrão	→	a ladra	o compadre	→	a comadre
o ator	→	a atriz	o conde	→	a condessa
o macho	→	a fêmea	o frade	→	a freira
o autor	→	a autora	o genro	→	a nora
o padrasto	→	a madrasta	o herói	→	a heroína
o barão	→	a baronesa	o carneiro	→	a ovelha
o padrinho	→	a madrinha	o cão	→	a cadela
o boi	→	a vaca	o rei	→	a rainha
o poeta	→	a poetisa	o cachorro	→	a cachorra
o irmão	→	a irmã	o zangão	→	a abelha

Antes de **substantivo feminino** usamos os artigos **a**, **as**, **uma**, **umas**.

Antes de **substantivo masculino** usamos os artigos **o**, **os**, **um**, **uns**.

Ilustrações: Ilustra Cartoon/ Arquivo da editora

o/um cavaleiro

a/uma amazona

os/uns bois

as/umas vacas

Atividades

1 Leia as frases abaixo.

- A **vaca** e o **boi** são **animais** mamíferos.
- A **madrinha** e o **padrinho** acabaram de chegar à **festa**.
- O **galo** e a **galinha** fugiram do **sítio**!

a) Escreva os substantivos masculinos destacados nessas frases.

....

....

b) Agora, escreva os substantivos femininos destacados nessas frases.

....

....

2 Escreva os nomes das figuras. Depois, escreva **F** ou **M** para indicar se eles estão no feminino ou no masculino.

a) O .... ☐   **c)** Os .... ☐

b) Uma .... ☐   **d)** Uns .... ☐

3 Escreva o feminino das formas destacadas acompanhado do artigo correspondente para completar as frases.

a) **Um amigo** seu emprestou um livro a .... minha.

b) **O cantor** e .... agradeceram os aplausos.

c) O público aplaudiu **os campeões** e .... do torneio.

d) **O cachorrinho** e .... brincavam juntos.

4 Leia a fábula e complete os espaços com os artigos adequados.

O pavão queixando-se a Juno

Cabisbaixo, ... pavão procurou ....

deusa Juno para se queixar:

— Ó deusa, ... rouxinol pequenino e vul-

gar alegra .... floresta inteira ao cantar! Eu mal

consigo repetir .... dó-ré-mi. Ah, que azar!

Irritada, ... deusa respondeu:

— Quanta inveja! Logo você, ... ave com penas tão deslumbrantes, cobi-

çadas por reis e sultões. Fique sabendo, meu caro pavão, que .... natureza é

sábia. Ela distribui seus dons entre todas .... aves. .... rouxinol tem uma

voz suave e doce. .... falcão é veloz. .... águia, forte. .... gralha é

capaz de prever mortes. Grande ou pequena, cada ave tem seu próprio dom. Trate

de se conformar e valorizar o que tem, senão eu vou arrancar suas penas!

Ficar sem suas lindas penas? Ah! Isso .... pavão não queria, não.

Cada um deve valorizar .... seus próprios dons.

Fábulas de Jean La Fontaine. Adaptação de Lúcia Tulchinski. São Paulo: Scipione, 2008.

• Agora, complete o quadro com as formas que faltam.

Masculino	Feminino
pavão	
	deusa
reis	
sultões	

1 Leia estes verbetes de dicionário e note que depois do verbete **rainha** aparecem as letras **sf**. Essa é a abreviatura de **substantivo feminino**.

> **rainha** sf. **1**. A esposa (ou a viúva) do rei (1). **2**. A soberana de um reino (1). **3**. A principal entre outras ou outros. **4**. A peça mais poderosa do jogo de xadrez. **5**. Abelha-mestra.
>
> **rei** sm. **1**. Soberano que rege um Estado monárquico. **2**. Título por vezes dado ao marido da rainha. **3**. Carta de baralho, com a figura de um rei. **4**. A principal peça do jogo de xadrez.
>
> **Mini Aurélio: o dicionário da língua portuguesa**,
> de Aurélio Buarque de Holanda Ferreira. Curitiba: Positivo, 2008.

• Depois do verbete **rei** aparecem as letras **sm**. Você sabe o que elas significam?

....

....

....

2 Encontre no **Minidicionário** a forma masculina das palavras a seguir.

• mestra → ....   • ovelha → ....

• heroína → ....   • cachorra → ....

• galinha → ....   • delegada → ....

• mendiga → ....   • destinatária → ....

• colaboradora → ....

• telespectadora → ....

1 Leia o bilhete abaixo e contorne as palavras terminadas em **e**.

> Alice,
>
> por favor, quando for ao supermercado, traga leite,
> pois não temos mais para hoje.

> A letra **e**, em final de palavra, costuma ser pronunciada com som de **i**.

2 Substitua os símbolos de acordo com o código e escreva as palavras formadas.

>) → e   ★ → i

- red) → ....
- quat★ → ....
- beg) → ....

- biquín★ → ....
- gent) → ....
- fug★ → ....

3 Escreva **e** ou **i** para completar as palavras das frases.

a) Mamã............ sa............ d............ casa cedo para trabalhar no centro da cidad............ .

b) Pinte............ a pared............ do meu quarto de verd............ -claro.

c) Aquel............ restaurant............ serv............ jantar até tard............ da noit............ .

4 Escreva **e** ou **i** para completar as palavras do quadro. Depois, separe-as em sílabas. **Dica**: os quadrinhos azuis indicam a sílaba tônica.

> Quando a sílaba tônica for a última, a palavra termina em **i**.
>
> Quando a sílaba tônica for a penúltima, a palavra termina em **e**.

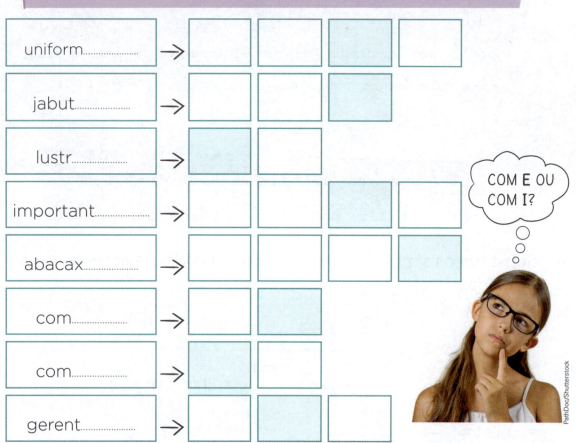

uniform.................. →

jabut.................. →

lustr.................. →

important.................. →

abacax.................. →

com.................. →

com.................. →

gerent.................. →

COM E OU COM I?

5 Encontre no diagrama palavras terminadas em **e** e **i** e contorne-as.

I	P	M	S	A	U	D	A	D	E	O	N	U	R	B
A	R	Q	A	D	E	V	A	S	V	U	I	S	T	C
C	N	O	B	M	D	J	B	Q	U	E	T	P	N	D
P	S	R	O	O	S	T	O	I	C	L	U	A	A	S
E	O	I	N	U	B	V	S	W	R	E	A	R	B	U
F	R	P	E	T	J	A	Q	E	S	F	C	E	A	C
U	V	E	T	N	A	L	U	A	U	A	P	N	R	U
R	E	F	E	A	V	O	E	N	L	N	T	T	G	R
B	T	A	I	R	A	P	A	F	I	T	O	E	A	I
O	E	D	T	E	L	E	F	O	N	E	P	I	T	A
B	A	X	O	J	I	E	N	A	E	R	N	T	A	V

Leia o texto e observe as palavras destacadas.

> Não importa onde morar,
> em uma **casa**, **casinha** ou **casarão**.
> O que importa mesmo são as pessoas
> que moram dentro do seu coração.

casa

grau normal

casinha ou **casebre**

grau diminutivo

casarão

grau aumentativo

Ilustrações: Ilustra Cartoon/Arquivo da editora

O substantivo modifica-se em grau para indicar a variação de tamanho dos seres.

grau normal (tamanho normal): **casa**

grau diminutivo (tamanho pequeno): **casinha** ou **casebre**

grau aumentativo (tamanho grande): **casarão**

Para saber em que grau está o substantivo, observe sua terminação: casa, cas**inha**, cas**arão**.

Veja alguns substantivos no grau normal, no diminutivo e no aumentativo.

Normal	Diminutivo	Aumentativo
amigo	amiguinho	amigão
animal	animalzinho	animalão
boca	boquinha	bocarra
copo	copinho	copázio
flor	florzinha	florzona
fogo	foguinho	fogaréu
homem	homenzinho	homenzarrão
muro	murinho, mureta	muralha
nariz	narizinho	narigão

Como você viu, o diminutivo e o aumentativo são geralmente usados para dar ideia de tamanho.

Há casos, no entanto, em que os diminutivos e aumentativos podem indicar sentimentos e críticas. Observe:

carinho

elogio

elogio, admiração

desprezo

Atividades

1 Escreva o grau diminutivo ou o grau aumentativo dos substantivos destacados para completar as frases.

a) Não há comparação entre a **boquinha** do peixe e a .... do sapo!

b) Joana comeu um **pedacinho** do bolo, mas eu comi um .... !

c) Nem ligo para este **carrão**, prefiro mesmo o meu ....

d) Pedi a construção de uma **muralha** e você fez um simples .... ?

e) Prefiro um .... a um **animalão**.

2 Agrupe os substantivos do quadro, escrevendo-os na coluna que indica o grau correspondente.

> chapeuzinho   homenzarrão   blusinha   barca
> chapelão   homem   barcaça   homenzinho
> barquinha   blusão   blusa   chapéu

Normal	Diminutivo	Aumentativo

Ortografia ⇉ o, u; ou

1 Leia o trecho em voz alta.

O jacaré-de-papo-amarelo tem, cobrindo o seu corpo, um couro grosso marrom-escuro.

Fabio Colombini/Acervo do fotógrafo

● jacaré-de-papo-amarelo

> Quando vem no final da palavra, a letra **o** costuma ser pronunciada com som de **u**.

2 Complete as palavras com:

a) a letra **o** e, depois, leia-as em voz alta.

- f...........cinh...........
- mág...........a
- c...........chich..........
- rat...............eira
- camundong...........
- t...........ssir

- c............brir
- d............ming...........
- caç...............ar
- espirr.............
- c..............rtiç.............
- d............rmir

b) a letra **u** e leia-as em voz alta.

- c.................spir
- táb................a
- ent...............pir
- p.........r..........r............ca
- escap................lir
- tab................ada

- c.................tia
- espetác................lo
- ac.................dir
- b.................eiro
- tab.................leiro
- dimin................tivo

3 Leia as palavras do quadro em voz alta e contorne a sílaba tônica.

Terminam em o		Terminam em u	
ovo	retrato	caju	urubu
caderno	mágico	xampu	angu

- Agora, complete as frases de acordo com as palavras do quadro.

a) A sílaba tônica das palavras terminadas em .... é a penúltima ou a antepenúltima da palavra.

b) A sílaba tônica das palavras terminadas em .... é a última da palavra.

4 Reescreva as frases substituindo as figuras pelas letras **o** ou **u**.

a) Os adversários c■mprimentaram o campeão.

....

b) Qual é o c●mprimento desta sala?

....

c) Comi frang● assad● n● almoç●.

....

d) Feri■ o braç●, mas mesm● assim ri■.

....

5 O que é, o que é? Siga as dicas dos itens desta página e da seguinte e escreva as palavras.

a) Réptil terrestre, viveu há milhões de anos. (10 letras)

....

b) Parte de um vegetal na qual estão as sementes. (5 letras)

....

c) Mamífero de orelhas longas e pelo macio. (6 letras)

....

d) Filho do meu tio ou da minha tia. (5 letras)

....

e) Aquilo que não foi cozido. (3 letras)

....

f) Mamífero herbívoro que vive na Austrália e na Tasmânia. (7 letras)

....

g) Sétimo planeta do Sistema Solar em ordem de distância do Sol. (5 letras)

....

h) Mamífero que tem uma carapaça, unhas compridas e cava buracos no chão. (4 letras)

....

6 Escreva uma frase com cada par de palavras.

a) cumprimento – comprimento

....

....

b) acento – assento

....

....

c) cumprido – comprido

....

....

7 Complete a cruzadinha de acordo com as imagens.

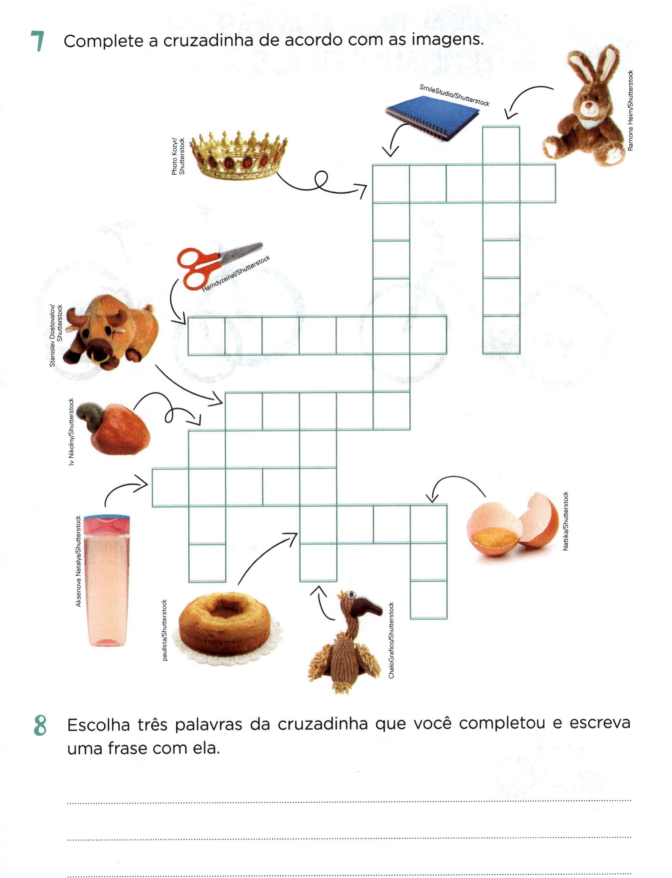

8 Escolha três palavras da cruzadinha que você completou e escreva uma frase com ela.

....

....

....

....

Você já aprendeu que o jeito mais comum para se formar o plural é acrescentar a letra **s** à palavra no singular. Observe:

| uma bicicleta | duas bicicletas |

Veja, agora, como fazemos o plural das palavras terminadas em:

r	
singular	plural
apontador	apontadores
cantor	cantores
flor	flores

s	
singular	plural
mês	meses
país	países
português	portugueses

z	
singular	plural
paz	pazes
voz	vozes
capuz	capuzes

As palavras terminadas em **r**, **s** e **z** fazem o plural com o acréscimo de **-es**.

Atividades

1 Complete as frases com o plural dos substantivos entre parênteses.

a) Nos próximos dois ...., os ....
estarão em férias. (mês/professor)

b) Os .... sobre a reciclagem do lixo fizeram
sucesso na escola. (cartaz)

c) Os .... se apresentaram na reunião. (rapaz)

d) Quais são os .... que participarão da próxima
Copa do Mundo? (país)

e) Os .... assistiram à apresentação dos

.... (ator/cantor)

f) Aprendi na tabuada que 6 .... 3 são 18. (vez)

g) Nos contos de fadas, o príncipe e a princesa vivem

.... para sempre. (feliz)

2 Qual é a palavra intrusa em cada grupo? Contorne-a.

cicatrizes	gás
trabalhadores	holandês
apontador	voraz
abajures	fregueses
polegares	matriz
vezes	cor

3 Encontre no diagrama as palavras que representam o plural das palavras do quadro abaixo e contorne-as.

lugar	**atriz**	**senhor**	**raiz**
inglês	**mar**	**olhar**	**castor**

```
O N U R B A J A T I E B A I N
L A O L H A R E S N Z A M G S
L E S A F A B A E M A R E S E
U I A L O B R E D A R G I N S
G A L A R G I S H O J A A P N
I B U O J A D T A N A R E S A
A C G R E S A I P D T R I A L
B H A R I A L N S M O E V G L
A T R I Z E S G A A C A U A U
H A E A H S A L T D E C I D G
A N S D C F S E R A Í Z E S I
C S E E G A L S   N O B E O A
O C A S T O R E S I T E R S B
I S P E R I A S E N H O R E S
S A R G I S H O J T I N A T S
```

 • Agora, escreva no caderno uma frase com cada um dos substantivos encontrados.

4 Observe os nomes de profissões no quadro. Escreva **singular** ou **plural** no topo da coluna correspondente.

escritores	escritor
pintores	pintor
corretores	corretor
doutores	doutor
encanadores	encanador

5 Observe.

o tênis

os tênis

> Alguns substantivos terminados em **s** têm a mesma forma no singular e no plural.

• Agora, complete as frases com o plural dos substantivos entre parênteses.

a) As xícaras e os .... faziam parte do mesmo conjunto. (pires)

b) Os .... desta cidade são muito modernos. (ônibus)

c) Preciso apontar meus .... de cor. (lápis)

6 Escreva o nome das figuras. **Dica**: todos os nomes terminam em **z**.

....

....

....

....

....

....

 **Ortografia** → **Palavras com as, es, is, os, us**

1 Leia estes quadrinhos.

Revista Turma da Mônica, de Mauricio de Sousa.
São Paulo, Panini Comics, n. 7, nov. 2015.

- Escreva as palavras destacadas na coluna adequada.

as	es	is

2 Complete as palavras com as sílabas do quadro. Depois, copie-as.

| ros | as | les | pas |

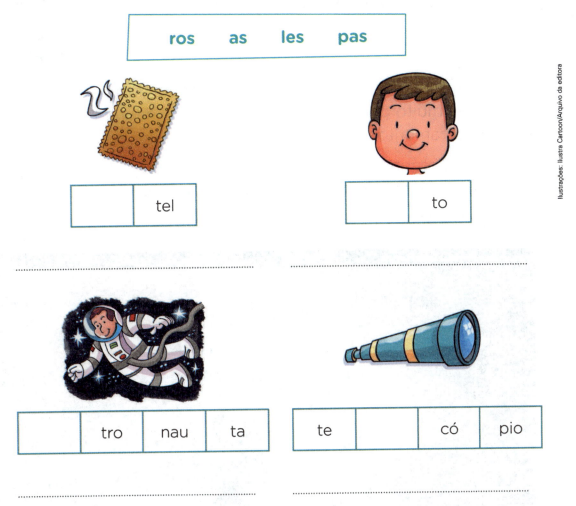

	tel

	to

....

....

	tro	nau	ta

te		có	pio

....

....

3 Junte as sílabas com figuras iguais e descubra as palavras.

◆ → ....

● → ....

■ → ....

▲ → ....

♥ → ....

★ → ....

• Agora, escolha três palavras que você formou e escreva frases com elas.

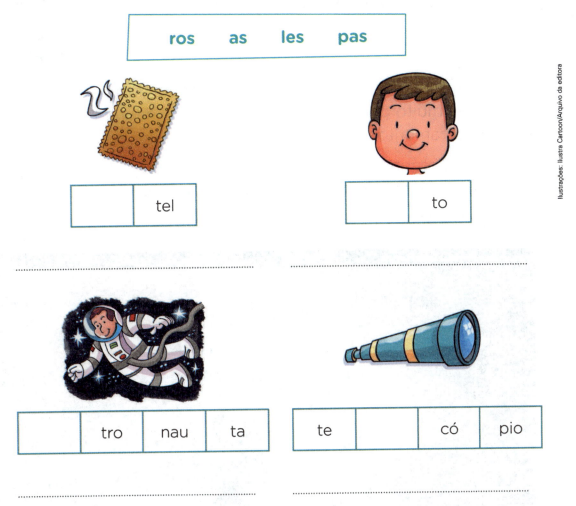

Ilustrações: Ilustra Cartoon/Arquivo da editora

Diversidade

Você já reparou como todos somos diferentes uns dos outros? Mesmo as pessoas muito parecidas sempre têm algo diferente: gostos, costumes, comportamentos, características físicas, entre outros.

Em Santa Catarina, em 2016, foi lançada uma campanha com três vídeos chamada **Todos somos iguais porque somos diferentes**.

A imagem a seguir faz parte de um dos vídeos. Veja.

As duas pessoas da imagem têm nanismo, ou seja, têm altura muito menor do que a maioria das pessoas com a mesma idade delas.

O vídeo da campanha mostra características de cada um deles, de forma muito divertida e leve, e o mais legal: sem citar o nanismo. Ele nos mostra que temos muitas diferenças e muitas coisas em comum, porque todos somos diferentes e, por isso, somos todos iguais.

Refletindo sobre o tema

1 Quais são os dois antônimos que aparecem na imagem do vídeo?

....

2 Na imagem, a palavra **diferentes** foi representada de uma forma não comum de escrita. Releia.

a) Quais são os elementos diferentes na escrita da palavra? Observe letra por letra.

....

....

b) Por que você acha que o sinal de diferente foi usado na escrita dessa palavra?

• Foi possível ler a palavra mesmo com essa forma diferente de escrever?

3 Releia a frase a seguir.

Esta é a história do Caio e da Marina e é tudo verdade.

a) Contorne nessa frase o artigo.

b) O artigo que você contornou ajuda a definir ou a generalizar o substantivo que ele acompanha? Explique.

Ampliando e mobilizando ideias

4 Você e os colegas farão uma atividade para se conhecer melhor.

 a) Primeiro, você vai refletir e escrever em seu caderno:

• O que você mais gosta de fazer para se divertir.

• O que mais lhe dá medo.

• A sua característica mais legal.

b) Depois, em uma roda de conversa, você e os colegas vão compartilhar o que escreveram em cada item.

c) Ouvindo os colegas, você percebeu que tem coisas em comum com eles? E diferenças?

1 Observe com atenção a pintura e depois responda às questões.

Direito de reprodução gentilmente cedido por João Candido Portinari

● **Menino com pião**, de Candido Portinari, 1947.

a) Qual é o nome da obra e quem a pintou?

_____

_____

b) Escreva o que você observou na obra.

_____

_____

_____

_____

c) O que você achou da obra? Justifique sua resposta conversando com os colegas e com o professor.

2 Ainda sobre a obra, responda:

a) Como ficaria o nome da obra se fosse colocado no plural?

....

b) A palavra pião é:

☐ substantivo próprio.

☐ substantivo singular.

☐ substantivo aumentativo.

☐ substantivo feminino.

☐ substantivo masculino.

☐ substantivo comum.

Dica: você pode marcar mais de uma alternativa.

c) Que outro nome você daria para essa obra de Portinari? Justifique sua resposta.

....

....

....

d) Crie uma frase para a obra **Menino com pião**. Depois, contorne o artigo da sua frase.

....

....

....

....

....

4

A FUNÇÃO DAS PALAVRAS NO TEXTO

Entre nesta roda

- Na cena aparecem dois ambientes. O que as pessoas estão fazendo no ambiente aberto?

- O que você acha que vai acontecer no ambiente coberto (ou fechado)?

- Você já participou de momentos como esse? Conte aos colegas e ao professor como foi.

Nesta Unidade vamos estudar...

- Adjetivo
- Pronome
- Verbo
- Tempos do verbo: passado, presente, futuro
- Verbo: fenômenos da natureza
- Plural das palavras terminadas em **m**
- Sujeito e predicado

FELIZ ANIVERSÁRIO, RITA!

Fabiana Faiallo/Arquivo da editora

20 ADJETIVO

Leia a indicação do livro e observe os substantivos destacados no texto.

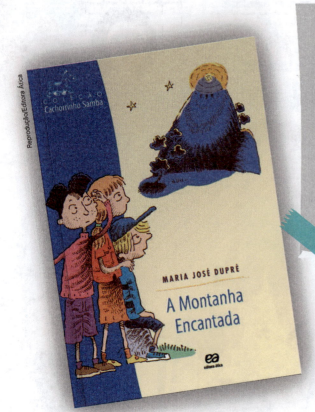

Reprodução/Editora Ática

MARIA JOSÉ DUPRÉ

A Montanha Encantada

ea
editora ática

A montanha encantada

Um **brilho** estranho no topo da montanha chama a atenção das crianças: lá vão elas para um **lugar** misterioso e encantado!

A montanha encantada. Disponível em: <coletivoleitor.com.br/nossos-livros/a-montanha-encantada/>. Acesso em: 19 dez. 2019.

Veja, agora, as palavras que dão características aos substantivos destacados:

montanha → encantada

brilho → estranho

lugar → misterioso e encantado

As palavras usadas para caracterizar os substantivos são **adjetivos**.

Atividades

1 A palavra **sofá** é um substantivo. Três equipes escreveram o maior número possível de características do sofá representado abaixo.

Ad Oculos/Shutterstock

1ª equipe	2ª equipe	3ª equipe
vermelho	grande	novo
elegante	macio	limpo
largo	fofo	alto
bonito		

a) Escolha dois adjetivos do quadro acima e escreva uma frase com o substantivo **sofá**.

_____

_____

_____

_____

b) Escreva dois adjetivos diferentes dos apresentados no quadro para o sofá da foto.

_____

_____

2 Escreva um substantivo e um adjetivo para completar cada frase. Consulte o quadro.

Lembre-se: Substantivos são palavras que dão nome às coisas, às pessoas, aos animais, aos lugares, aos sentimentos.

professora	menino	contente	flor
Luciano	perfumada	loiros	bonito

a) Como é .... esta ....!

b) O .... está tão ....!

c) .... é um rapaz muito ....

d) Os cabelos da .... são ....

3 Atribua diferentes características a cada substantivo. Veja o exemplo.

a) cidade → *pequena, limpa, silenciosa, antiga* ....

b) brinquedo → ....

c) gato → ....

d) escola → ....

e) livro → ....

f) praia → ....

g) janela → ....

h) sorriso → ....

4 Observe os cartazes e faça o que se pede.

a) Escreva um substantivo e três adjetivos do cartaz abaixo.

VENDO BICICLETA NOVA, MODERNA E VERMELHA. TRATAR COM PAULINHO.

....

b) Escreva um substantivo e três adjetivos do cartaz abaixo.

DOAMOS GATINHOS BRANCOS, BEM PELUDOS E FOFINHOS. TRATAR COM CÍNTIA.

....

5 Escreva um anúncio, propondo a troca de um brinquedo por outro. Lembre-se de utilizar adjetivos para dar qualidades aos substantivos.

....

....

....

....

> O adjetivo pode indicar uma qualidade boa ou ruim.

• Agora, contorne os adjetivos no texto que você escreveu.

6 Leia esta tirinha.

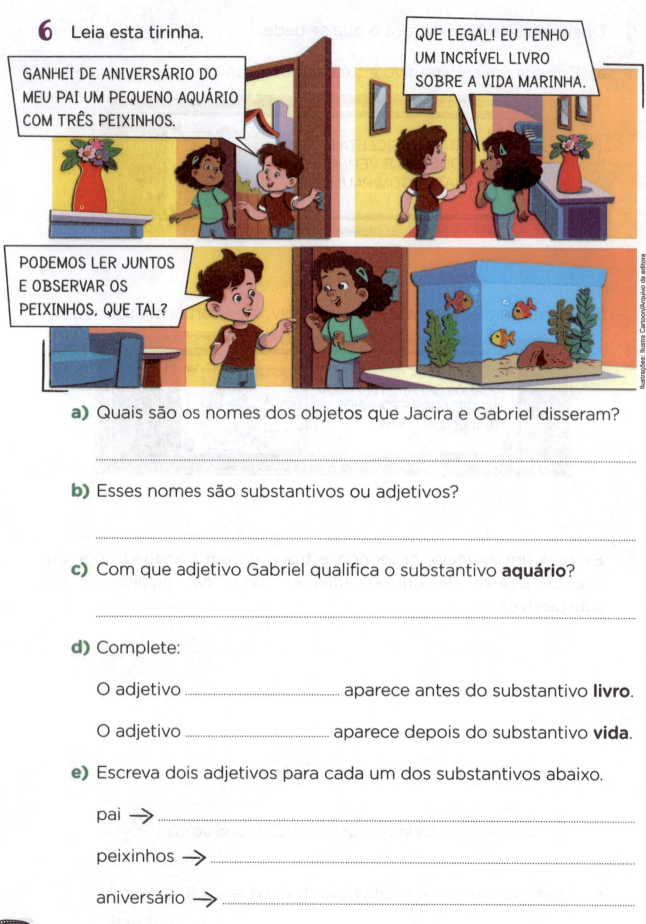

GANHEI DE ANIVERSÁRIO DO MEU PAI UM PEQUENO AQUÁRIO COM TRÊS PEIXINHOS.

QUE LEGAL! EU TENHO UM INCRÍVEL LIVRO SOBRE A VIDA MARINHA.

PODEMOS LER JUNTOS E OBSERVAR OS PEIXINHOS, QUE TAL?

Ilustrações: Ilustra Cartoon/Arquivo da editora

a) Quais são os nomes dos objetos que Jacira e Gabriel disseram?

....

b) Esses nomes são substantivos ou adjetivos?

....

c) Com que adjetivo Gabriel qualifica o substantivo **aquário**?

....

d) Complete:

O adjetivo .... aparece antes do substantivo **livro**.

O adjetivo .... aparece depois do substantivo **vida**.

e) Escreva dois adjetivos para cada um dos substantivos abaixo.

pai ⟶ ....

peixinhos ⟶ ....

aniversário ⟶ ....

1 Abra o **Minidicionário** na letra **L** e copie, em ordem alfabética, os adjetivos que encontrar.

....

....

....

• Agora, contorne os substantivos das frases e complete-as com os adjetivos que você copiou.

a) O homem abriu a gaiola e deixou o canário .... para voar.

b) A lebre é um animal .... e esperto.

c) Pegamos o metrô .... para ir ao centro da cidade.

d) Precisamos escrever com letra ...., senão a professora não entende.

e) O avião é mais .... que o ar.

f) A zebra tem o pelo ....

2 Copie do **Minidicionário**, os adjetivos da letra **U**. Depois, escreva uma frase com cada um deles, acompanhando-o de um substantivo.

3 Copie da letra **V** do **Minidicionário**:

a) um adjetivo acentuado que significa "que pode ser visto";

....

b) um adjetivo que é antônimo de "cheio".

....

1 A tela reproduzida a seguir pertence a um estilo chamado **arte *naïf***, em que as pinturas são marcadas pela simplicidade, criatividade, espontaneidade e pelo uso de cores fortes e vibrantes.

Reprodução/Galeria Jacques Ardies, São Paulo, SP.

● **Grupo do forró livre**, de Lourdes de Deus, 2003 (óleo sobre tela).

Ilustrações: Ilustra Cartoon/Arquivo da editora

● Observe a imagem e descreva-a utilizando adjetivos.

....

....

....

....

2 Veja como uma criança descreveu sua festa de aniversário.

A FESTA FOI EM UM SALÃO NO CLUBE. O SALÃO ERA LINDO, ENFEITADO, MUITO COLORIDO!

NA MESA DO BOLO TINHA DOCINHOS E PEQUENOS ENFEITES COMBINANDO COM O TEMA!

Ilustra Cartoon/Arquivo da editora

a) Quais palavras caracterizam os substantivos abaixo?

- salão → ....

- enfeites → ....

b) Faça um desenho de como você imagina essa festa.

1 Você conhece esta planta? Leia uma curiosidade sobre ela.

Uma planta que serve como remédio e como alimento. Que é bonita, mas espeta quem nela tenta tocar. Sabe qual é? Acertou quem disse: **cacto**!

Cactos são plantas espinhosas presentes no deserto. Elas conseguem guardar um monte de água para sobreviver nesse ambiente tão seco. Além disso, têm 1001 utilidades para os homens! [...]

Espinhosos e muito especiais, de Gabriela Reznik. **Ciência Hoje das Crianças**. Disponível em: <http://chc.org.br/espinhosos-e-muito-especiais/>. Acesso em: 19 dez. 2019.

● Leia em voz alta as palavras destacadas e copie-as no quadro.

Palavra	Encontro consonantal	Separação de sílabas

2 Contorne os encontros consonantais das palavras do quadro. Depois, complete as frases com elas.

técnico	psicólogo	Edna
bactéria	advogado	infecções

a) A .... é um micróbio causador de ....

b) O .... e o .... são vizinhos.

c) Um ótimo .... consertou meu computador.

d) .... é uma menina inteligente e estudiosa.

3 Organize as sílabas de acordo com as cores e forme palavras com consoante não acompanhada de vogal. Depois, separe suas sílabas.

sub	re	ad	ab	cep
je	tra	ção	vo	sur
rép	ti	do	ção	til

.... → ....

.... → ....

.... → ....

.... → ....

.... → ....

● Escolha duas dessas palavras e forme frases com elas.

....

....

....

....

4 Em qual meio de transporte o menino quer viajar? Siga o caminho de cada letra, escreva-as no lugar correto e descubra.

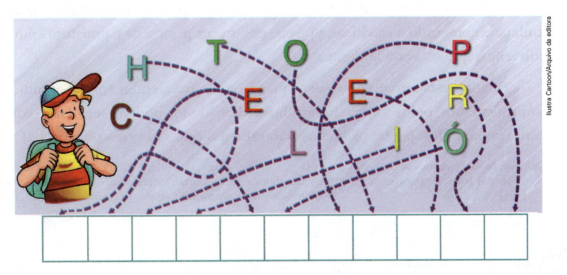

Ilustra Cartoon/Arquivo da editora

21 PRONOME

Leia um trecho desta notícia e observe as palavras destacadas.

Baleia é encontrada morta com 40 kg de plástico no estômago

9 de abril de 2019
por Helena Rinaldi e Joanna Cataldo

A equipe da ONG Museu D'Bone Collector, que trabalha na conscientização para a preservação do meio ambiente, resgatou o corpo de uma baleia morta com cerca de 40 quilos de sacolas de plástico no estômago na costa das Filipinas, em 16 de março.

Por causa da quantidade de plástico engolida, a baleia quase não conseguia mais se alimentar e acabou morrendo de fome. "Como os plásticos ocuparam todo o estômago, impediram que o alimento passasse para o intestino, no qual é absorvido. Além disso, a desidratação contribuiu para causar a morte, pois baleias não bebem água como os seres humanos — o líquido é obtido a partir do que **elas** comem", explica o biólogo Guilherme Domenichelli.

O plástico estava se acumulando há tanto tempo na barriga da baleia que tinha até começado a calcificar, ou seja, endurecer por conta da mistura com os alimentos que estavam lá dentro.

Quando estão no oceano, sacos plásticos são frequentemente confundidos com alimentos pelos animais marinhos. Além disso, podem ser vistos como ameaça para **eles**, já que os bichos não sabem o que são esses objetos. [...]

Baleia é encontrada morta com 40 kg de plástico no estômago, de Helena Rinaldi e Joanna Cataldo. **Jornal Joca**. Disponível em: <https://jornaljoca.com.br/portal/baleia-e-encontrada-morta-com-40-quilos-de-plastico-no-estomago/>. Acesso em: 19 dez. 2019.

Você reparou nas palavras destacadas no texto da página anterior? Veja-as a seguir, acompanhadas das palavras às quais elas se referem.

Elas → baleias

Eles → animais marinhos

As palavras **elas** e **eles** destacadas no texto, são chamadas de **pronomes**.

Veja alguns pronomes.

Singular	Plural	
Eu	nós	→ quem fala
Tu e você	vós e vocês	→ com quem se fala
Ele e ela	eles e elas	→ de quem se fala

Para não repetir a mesma palavra em um texto, podemos utilizar um pronome. Veja no texto do boxe abaixo como ficam as frases sem repetir a palavra **dinossauros**.

Saiba mais

Os **dinossauros** foram as criaturas mais misteriosas que já habitaram nosso planeta.

Eles viveram na Terra por 165 milhões de anos.

Nick Fox/Shutterstock

● Esqueleto de dinossauro exposto no Museu de Paleontologia Royal Tyrrell, em Alberta, Canadá. Foto de 2017.

No texto do boxe, o pronome **eles** substituiu o substantivo **dinossauros**.

Pronome é uma palavra que pode ser usada no lugar de um nome (substantivo ou adjetivo).

Atividades

1 Leia as frases e contorne os pronomes.

a) Você gosta de livros de história?

b) Nós aprendemos a patinar.

c) Será que ele vem?

d) Eu ganhei quinze figurinhas!

e) Tu estás cansada?

2 Leia o texto a seguir e reescreva-o, substituindo a palavra que se repete.

> As plantas são essenciais para a vida. As plantas servem de abrigo e comida para os seres humanos e outros animais.

....

....

....

3 Reescreva as frases substituindo os pronomes por nomes próprios.

a) Elas são amigas.

....

b) Nós vimos o filme.

....

c) Ele joga xadrez.

....

4 Complete as frases com os pronomes do quadro.

eles	ela	ele	elas	nós	você	tu	vocês

a) As abelhas vivem em colmeias. .... fabricam mel.

b) O menino está radiante. .... está de férias!

c) A baleia é o maior animal que existe. .... vive no mar, mas não é peixe; é um mamífero.

d) .... escreves lindas histórias infantis.

e) Não sei onde deixei os livros. Alguém sabe onde .... estão?

f) Carlos, Pedro e eu somos muito amigos. .... gostamos de brincar juntos no clube.

g) Paulo, ... quer ir à livraria comigo?

h) Ei, o que .... estão aprontando?

5 Reescreva as frases passando para o plural os pronomes em destaque. Faça as adaptações necessárias.

a) **Ele** dorme e acorda cedo.

....

b) **Você** pode me emprestar este livro?

....

c) **Ela** gosta de caminhar na praia.

....

Quando o pronome está no singular, o verbo também deve estar no singular. Se o pronome estiver no plural, o verbo também deverá estar no plural.

Os pronomes **tu** (singular) e **vós** (plural) são usados para indicar a pessoa com quem falamos, porém é mais comum usarmos os pronomes **você** e **vocês**.

6 Leia a fábula e contorne os pronomes que estudamos até agora.

O rato da cidade e o rato do campo

O rato que morava no campo convidou seu amigo da cidade para almoçar. No dia combinado, o rato da cidade partiu saltitante para o campo, sonhando com um banquete. Ao chegar lá, a mesa do almoço já estava servida e sobre ela havia apenas um prato com grãos de lentilha sem sal e outro com raízes amargas.

— Sinta-se à vontade — disse o rato do campo.

— Você está brincando! Eu, um rato acostumado às mais finas iguarias, comer isso?

— Pois é isso que eu como todos os dias — explicou o rato do campo.

— Não é à toa que você é um magricela. Vem morar comigo na cidade e eu lhe garanto que terá a mesa farta de um rei!

[...]

Fábulas de Esopo, de Jean de La Fontaine. Adaptação de Lúcia Tulchinski. São Paulo: Scipione, 2005. Texto adaptado.

- Copie os pronomes que você contornou e indique que nome eles estão substituindo.

....

....

....

7 No texto a seguir foram repetidos, propositalmente, alguns substantivos. Contorne-os.

Ontem Miguel recebeu a visita de seu avô. Então, Miguel viu que o avô carregava um pacote especial e perguntou ao avô:

— O que tem nesse pacote, vovô?

— São os brigadeiros que sua avó fez para você.

Ilustra Cartoon/Arquivo da editora

● Agora, reescreva o texto evitando a repetição desnecessária. **Dica:** Troque os substantivos contornados por **ele** e **lhe**.

....

....

....

....

....

....

....

Ortografia ➤ ã, ão, ãe; ãs, ãos, ães, ões

1 Leia a cantiga.

Capelinha de melão é de São João,

É de cravo, é de rosa, é de manjericão.

São João está dormindo,

Não acorda, não!

Acordai, acordai, acordai, João!

Cantiga popular.

a) Copie as palavras com til ~.

....

....

b) Quais das palavras que você copiou podem ser colocadas no plural? De que forma?

....

....

> O **til** é um sinal gráfico que indica som nasal.

2 Leia as palavras e coloque **til** onde for necessário.

chao	corda	coraçao	algodao	nau	anao
opiniao	piloto	maça	massa	poço	poçao
paz	pais	hortela	mae	mamoes	romas
aroma	gelo	pilao	paredao	pessoa	cidadao

a) Marque um **X** na afirmação correta.

☐ O til é usado sobre qualquer vogal.

☐ O til é usado apenas sobre as vogais **a** e **o**.

b) Separe as sílabas das palavras em que você colocou o **til**.

....

....

....

....

....

....

3 Escreva as palavras no plural. Observe o exemplo.

- irmã ......*irmãs*......
- manhã ....
- fã ....
- maçã ....

- mãe ....
- mamãe ....
- rã ....
- avelã ....

Para formar o plural das palavras terminadas em **-ã** e **-ãe** acrescenta-se **s**.

VERBO

22

Leia o texto e observe.

PRATICAR ESPORTE FAZ BEM À SAÚDE!

Quando vamos escolher uma modalidade esportiva, devemos levar em conta o prazer e a alegria que ela desperta na gente.

Veja o nome dos esportes que as pessoas praticam.

● corrida

● natação

As palavras **corrida** e **natação** são substantivos.

Veja, agora, o que essas pessoas fazem na prática desses esportes.

Corrida → A mulher corre.

Natação → O homem nada.

As palavras **corre** e **nada** mostram o que as pessoas fazem. São **verbos**.

Verbo é uma palavra que indica ação, estado de um ser ou fenômeno da natureza.

Os verbos também expressam sentimentos ou estados. Observe.

- Juliana **está** contente porque passou de ano.

- Tadeu também **ficou** feliz com sua aprovação!

- As crianças **estão** cansadas porque andaram muito!

As frases dos itens desta atividade expressam como as crianças estão se sentindo, ou seja, o seu **estado**: contente, feliz, cansadas.

Atividades

1 Leia este poema.

Cavalo-marinho

Um corre, outro pula,

um grita, outro chora,

um belisca, outro engasga,

um sara, outro piora.

Um senta, outro levanta,

um xinga, outro berra,

um chuta, outro derruba,

um acerta, outro erra.

Um reclama, outro briga,

um suja, outro lambuza,

um fica, outro escapa,

um aceita, outro recusa.

Irmãozinhos às centenas,

bagunceiros e traquinas:

crianças, apenas.

Bebês brasileirinhos: poesia para os filhotes mais especiais da nossa fauna,
de Lalau e Laurabeatriz. São Paulo: Companhia das Letrinhas, 2017.

• Contorne os verbos do texto que indicam que o cavalo-marinho está praticando ações.

2 Leia a frase.

> O cientista inventou um carro-avião. Ele transita em ruas e rodovias e, com um novo comando, voa a uma altura de mil metros.

a) Contorne os verbos da frase e complete a informação.

Esses verbos indicam ....

b) Se fossem dois carros-aviões, como ficariam os verbos? Complete.

Eles .... em ruas e rodovias e, com um novo

comando, ... a uma altura de mil metros.

3 Leia outro poema.

Devagar, quase parando

Uma descoberta da ciência,
ou quem sabe da demência,
que todo mundo **aderiu**:
ter a paciência do boi.
Caía um prato
e todos, calmos,
diziam: que foooooi?
Se **chegavam** na fila,
falavam: ooooooi.
O mundo **começou** a **ficar** muito lento.
A paciência passiva
transformou todo mundo em jumento.
A boiada de humanos estava sempre **boiando**.
Pra **compensar**, uma nova febre:
extrair a velocidade da lebre.

A moda genética, de Ricardo Silvestrin. São Paulo: Ática, 2009.

OOOOI!

Ilustra Cartoon/Arquivo da editora

a) Marque um **X** na resposta correta.

As palavras destacadas no poema são:

☐ verbos.   ☐ substantivos.   ☐ adjetivos.

b) Complete com o verbo em sua forma original. Veja o exemplo.

- parando → *parar*
- aderiu → ....
- caía → ....
- diziam → ....
- chegavam → ....

- caminhou → ....
- falavam → ....
- começou → ....
- transformou → ....
- boiando → ....

4 Complete as frases com os verbos do quadro.

estudou	dormem	conversamos	dançaram
nasceu	almoça	nadei	sorriu

a) Juca e eu .... pela internet.

b) O bebê .... com três quilos.

c) A garotinha .... para o fotógrafo.

d) Ela .... bastante para a prova.

e) Vovô e vovó .... cedo.

f) .... de uma ponta até a outra da piscina.

g) As bailarinas .... muito bem no espetáculo.

h) Titia .... sempre ao meio-dia.

5 Todos os dias você faz muitas coisas. Escreva duas ações que você faz em casa, na rua ou na escola em cada dia da semana. Marque um **X** para indicar onde as ações são realizadas.

	Rua	Casa	Escola	
Domingo				Eu .... e ....
Segunda-feira				Eu .... e ....
Terça-feira				Eu .... e ....
Quarta-feira				Eu .... e ....
Quinta-feira				Eu .... e ....
Sexta-feira				Eu .... e ....
Sábado				Eu .... e ....

1 Leia estes verbetes retirados de um dicionário.

cantar (can-tar) *verbo*

Produzir som musical com a voz: *Eva* **canta** *bem. O passarinho* **canta**.

divertir (di-ver-tir) *verbo*

Brincar, passear ou ter qualquer outra atividade que nos dá alegria, prazer: *Jogar futebol* **diverte** *os meninos.*

vender (ven-der) *verbo*

1. Trocar por dinheiro: *Marta* **vendeu** *sua bicicleta.* 2. Negociar, comerciar com: *Esta loja* **vende** *artigos para presente.*

Aurelinho: dicionário infantil ilustrado de língua portuguesa,
de Aurélio Buarque de Holanda Ferreira. Curitiba: Positivo, 2014.

No dicionário, os verbos são encontrados com as formas terminadas em **-ar**, **-er** e **-ir**.

- Leia os verbos e contorne, em cada linha, uma forma que você pode encontrar como verbete de dicionário.

falei	falarão	falar	falaste
dividir	dividiria	dividiu	dividiremos
escreverei	escrever	escreve	escrevi
brincaram	brinco	brincará	brincar

2 Como devemos procurar os verbos abaixo no dicionário? Confira suas respostas no **Minidicionário**.

a) facilitei: ....

d) gastamos: ....

b) rasgou: ....

e) sobrevoamos: ....

c) pensarei: ....

f) descansaram: ....

'2'

1 Observe as fotos e escreva um verbo que representa cada ação retratada. Veja o exemplo.

comer

2 É importante conhecer o significado das palavras para usá-las nas situações corretas.

Complete as frases com a palavra adequada. Se necessário, consulte o dicionário.

a)

| posar | pousar |

Ilustrações: Ilustra Cartoon/ Arquivo da editora

- Mariana vai .... para servir de modelo para o pintor.

- O avião vai .... daqui a pouco!

b)

| xeque | cheque |

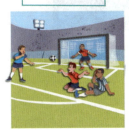

- Durante o jogo, um equívoco no campo colocou em .... o juiz da partida.

- Vou preencher o .... com o devido valor.

3 Em uma das frases abaixo foi usado o significado da palava **sacar** de modo informal. Assinale essa frase.

☐ Raquel, de repente, sacou da estante justamente o livro de que o colega precisava!

☐ Meu pai disse que vai sacar o dinheiro para comprar meu presente.

☐ Rodrigo disse que não saca nada de xadrez!

☐ O grande diferencial para um jogador de vôlei é sacar bem!

Saiba mais

A linguagem formal exige o respeito a todas as regras gramaticais. É usada na escola, no trabalho, em documentos, etc.; já a linguagem informal é menos rígida e permite o uso de gírias e expressões populares. Costuma ser usada com familiares e amigos em mensagens de texto, bilhetes, diários, etc.

1 Você consegue falar estes trava-línguas em voz alta, sem errar nem gaguejar? Experimente!

Bagre branco, branco bagre.

Pedro pregou um **prego** na porta **preta**.

Trava-línguas populares.

Ilustrações: Ilustra Cartoon/ Arquivo da editora

a) Contorne as letras que aparecem antes do **r** nas palavras destacadas.

b) Complete: As letras _____, _____, _____ e _____ formam encontros consonantais quando acompanhadas da letra **r**.

2 Leia as palavras do quadro e escreva-as nas colunas corretas.

brigadeiro	broa	cremoso	dragão
drogaria	africano	fruta	desagrado
gravador	pronto	primeiro	encontro
metrô	palavra	livraria	cravo

br	cr	dr	fr

gr	pr	tr	vr

3 Leia a frase e observe as palavras destacadas.

> Nosso **plano** era fazer uma boneca de **pano**.

- Agora, escreva o significado dessas palavras. Se tiver dúvidas, consulte um dicionário.

plano → ....

....

pano → ....

4 Troque o **r** de lugar e forme novas palavras. Veja o exemplo.

- perda → *pedra*
- fervo → ....
- garça → ....
- larva → ....
- quarto → ....
- fiar → ....

- fitar → ....
- botar → ....
- cavar → ....
- pesar → ....
- tombar → ....
- perto → ....

5 Siga as setas, junte as sílabas e forme palavras.

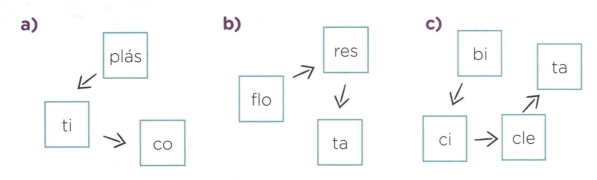

a) plás / ti / co

b) flo / res / ta

c) bi / ci / cle / ta

....

6 Observe as duas cenas. Contorne na cena 1 o que falta na cena 2.

Ilustrações: Ilustra Cartoon/Arquivo da editora

● Escreva o nome dos objetos que você contornou na cena acima.

....

....

....

....

7 Leia as palavras do quadro e escreva-as nas colunas correspondentes.

biblioteca	Glória	neblina	flor
classe	complicado	Atlântico	aflito
flamingo	blusa	claro	planeta
atletismo	clube	Cleide	aplauso
glicose	emblema	globo	atlas

bl	cl	fl	gl	pl	tl

8 O que é, o que é? Junte as sílabas das figuras geométricas iguais, descubra a resposta e escreva na linha ao lado da figura correspondente.

a) Oceano que banha o Brasil. ● ....

b) Parte branca do ovo. ■ ....

c) Instrumento musical de sopro. ◆ ....

d) Livro de mapas. ▲..

e) Cobertura para bolos feita com açúcar. ♥ ....

TEMPOS DO VERBO: PASSADO, PRESENTE, FUTURO

23

Observe as imagens e leia as frases.

EU BRINCO.

ELA BRINCA.

TU BRINCAS.

E NÓS TAMBÉM BRINCAMOS!

Ilustrações: Ilustra Cartoon/Arquivo da editora

O verbo sempre concorda com o nome a que se refere. Nos casos ilustrados, os nomes foram substituídos por pronomes, e as terminações dos verbos mudaram. Veja:

Eu brinc**o**. Ela brinc**a**.

Tu brinc**as**. Nós brinc**amos**.

A terminação do verbo deve concordar com o nome ou pronome.

As terminações dos verbos também se modificam para informar quando as ações se passam: no presente, no passado ou no futuro. Veja:

Passado	Presente	Futuro
Eu brinqu**ei**. ↓ Indica que algo já aconteceu.	Eu brinc**o**. ↓ Indica que algo está acontecendo ou acontece sempre.	Eu brinc**arei**. ↓ Indica que algo ainda vai acontecer.

Atividades

1 Leia este texto.

Todos nós, um dia, **fomos** crianças. E, é claro, crianças sempre **existiram**! E, onde **existem** crianças, existem brinquedos e brincadeiras, porque crianças **adoram** brincar, inventar, criar... Assim elas **entendem** melhor o mundo dos adultos...

Crianças de todo o mundo, de todas as raças, **brincam** e sempre **brincaram**. Utilizando objetos ou não, competindo ou ajudando seu companheiro, as crianças se **divertem**, **desenvolvem** e **constroem** o seu pensamento e sua lógica.

Brinquedos e brincadeiras, de Nereide Schilaro Santa Rosa. São Paulo: Moderna, 2001.

©Hishiapply/Shutterstock

- Observe os verbos destacados no texto acima e marque com **X** se o verbo se refere ao presente ou ao passado.

Verbos	Presente	Passado
fomos		
existiram		
existem		
adoram		
entendem		
brincam		
brincaram		
divertem		
desenvolvem		
constroem		

2 Pinte o quadrinho das frases que têm o verbo no futuro.

☐ Quem inventou os brinquedos?

☐ Todos nós, um dia, seremos idosos.

☐ Os brinquedos fazem parte da vida das crianças.

☐ Assim elas entenderão melhor o mundo!

☐ As crianças descobrirão novas maneiras de brincar!

3 Escreva um nome ou pronome para completar as frases.

a) .... se apresentou no circo.

b) .... viajaram ontem, depois das aulas.

c) Nós gostamos muito de ouvir essa canção.

E ...., também gostam?

4 Complete as frases com o verbo **andar** no tempo presente e no tempo passado.

a) Hoje eu .... devagar, mas ontem .... rápido.

b) Hoje vocês .... devagar, mas ontem .... rápido.

c) Hoje ela .... devagar, mas ontem .... rápido.

d) Hoje nós .... devagar, mas ontem .... rápido.

5 Leia o texto.

Os inuítes, como os esquimós se **autodenominam**, **vivem** perto do Polo Norte. A temperatura externa **pode** atingir -40 °C. Quando **saem** para caçar na banquisa, os inuítes **constroem** um iglu. **Cortam** grandes blocos de gelo e **dispõem** uns sobre os outros em uma base circular. Sua forma arredondada **desvia** os ventos gelados.

O truque de Cúri: as casas do mundo: uma história e mil informações, de Claire Ubac. Tradução de Krieger Saulo. São Paulo: Scipione, 2002.

a) Em que tempo estão os verbos destacados? Marque um **X** na informação correta.

☐ passado   ☐ presente   ☐ futuro

b) Ligue os verbos ao tempo correspondente.

| autodenominaremos |
| saiu |
| cortaram |
| desviarei |
| viverá |
| construíram |
| poderás |
| dispôs |

passado

futuro

NO DIA A DIA

1 No seu dia a dia, você costuma dar uma olhada nas notícias dos jornais, nas matérias de revistas, nas histórias dos gibis e em outros textos impressos?

Procure, nesses materiais, verbos no presente, no passado e no futuro. Recorte-os e cole-os abaixo.

Presente	Passado

Futuro

2 Leia a tirinha.

ESTOU VENDO COM O PAI UM BICHO DE ESTIMAÇÃO!

ASSIM EU VOU ME TORNAR MAIS RESPONSÁVEL, ORGANIZADO E...

PARADO AÍ!

O QUE O SENHOR TEM NESSA CAIXA?

Armandinho Zero, de Alexandre Beck. Florianópolis: AC Beck, 2013. p. 32.

a) Sublinhe os verbos do primeiro, segundo e terceiro quadrinhos.

b) Em que tempo está a forma verbal do primeiro quadrinho?

☐ presente

☐ passado

☐ futuro

c) A forma **vou me tornar** pode ser substituída por qual verbo?

☐ me tornei

☐ me tornou

☐ me tornarei

d) Agora, imagine-se no lugar de Armandinho e escreva com um colega um texto simulando a mesma situação. Que argumentos vocês usariam com seus familiares para terem um animal de estimação?

....

....

....

....

1 Leia o texto.

> **Imagine** que seu gatinho **morreu**. Você quer de todo jeito dar a notícia à sua amiga que **mora** no outro lado do país. Pode escolher entre os meios de comunicação: telefone fixo ou celular, mensagem pela internet, fax, cartão-postal ou uma longa carta... Os seus tetratetravós não **tinham** todas essas possibilidades. O telefone foi inventado por Graham Bell em 1876. O desenvolvimento da Internet mal **completou** dez anos...

> **Pequena história da escrita**, de Sylvie Baussier. Tradução: Marcos Bagno. São Paulo: Edições SM, 2005.

- No dicionário, em qual forma encontramos os verbos do texto?

a) imagine: ....

b) morreu: ....

c) mora: ....

d) tinham: ....

e) completou: ....

2 Encontre o verbo **reclamar** no **Minidicionário** e escreva uma frase com ele no passado.

....

....

3 Encontre o verbo **vender** no **Minidicionário** e escreva uma frase com ele no futuro.

....

....

Ortografia 〰 -am, -ão

ONTEM VOCÊS **LERAM** UMA BONITA HISTÓRIA, MAS AMANHÃ **LERÃO** UMA MELHOR AINDA!

1 Leia o balão de fala da professora e observe as palavras destacadas.

a) Copie os verbos destacados.

....

b) Qual é a diferença entre eles na escrita?

....

c) Em que tempo esses verbos estão?

....

....

d) Complete corretamente as informações.

A terminação .... indica que o verbo está no tempo passado.

A terminação .... indica que o verbo está no tempo futuro.

> Leram → indica uma ação que já aconteceu.
> Lerão → indica uma ação que ainda vai acontecer.

2 Complete as frases conforme as indicações entre parênteses.

a) Os novos alunos .... no horário. (chegar - passado)

b) Os professores .... as provas em casa. (corrigir - futuro)

c) Os bancos da cidade .... mais cedo hoje. (fechar - passado)

Ilustra Cartoon/Arquivo da editora

3 Leia o texto e complete com os verbos do quadro.

marcava	empurrava	inventaram	eram	balançava	fazia

No final da Idade Média, os monges ....

os primeiros relógios com marcação de horas, minutos e segundos. Um peso

.... e .... regularmente

um pequeno dente que .... girar uma roda,

que, por sua vez, acionava outra roda... Cada uma delas

acionava um ponteiro: o grande .... os

minutos e o pequeno, as horas. Ainda não ....

muito precisos.

O metrônomo mágico: uma história e mil informações, de Christian Grenier.
Tradução de Monica Stahel. São Paulo: Scipione, 2008.

Ilustra Cartoon/Arquivo da editora

4 Descubra no diagrama oito verbos no passado ou no futuro e contorne-os.

P	A	A	L	M	O	Ç	A	R	A	M	J	M	C
A	E	R	E	P	I	L	O	N	U	R	B	O	O
R	M	O	S	T	R	A	R	Ã	O	F	D	L	R
T	A	E	A	E	C	V	L	L	H	O	S	H	R
I	R	I	T	C	O	A	U	R	E	C	E	A	E
R	A	U	C	A	I	R	Ã	O	T	I	H	R	R
Ã	M	B	N	A	Ã	A	T	F	D	H	O	A	Ã
O	U	A	R	R	U	M	A	R	Ã	O	B	M	O

a) Agora, escreva os verbos que estão no passado.

....

b) Escreva os verbos que estão no futuro.

....

5 Complete com os verbos no futuro ou no presente.

a) Crianças, se ontem vocês leram, desenharam e pintaram,

amanhã vocês ...., ... e

.... muito mais e melhor do que hoje!

b) Se no passado vocês estudaram, no presente vocês

.... e no futuro ....

6 Escolha um verbo no futuro ou no passado e complete as frases.

a) Nas férias do ano passado, meus amigos ....

b) Os alunos .... o museu amanhã.

c) Meus pais .... fora amanhã.

d) Muitas pessoas .... a Feira de Ciências na minha escola.

e) Ontem os operários .... até tarde, mas amanhã .... a obra!

Ilustra Cartoon/Arquivo da editora

7 Observe os verbos do quadro abaixo. Escolha um verbo no passado e outro no futuro. Depois, forme frases com eles.

ajudaram	limparão	organizarão	pesquisaram

....

....

....

....

Leia e observe as imagens.

Era dia e **chovia**!

Ventava muito.

Também **relampejava** e todos ficaram assustados.

Além dos verbos de ação e de estado, há verbos que indicam fenômenos da natureza. Exemplos:

- chover (chovia)
- ventar (ventava)
- relampejar (relampejava)

Atividades

1 Escreva o verbo que expressa os fenômenos da natureza representados a seguir. Consulte o quadro.

| ventar | amanhecer | nevar | chover |

Raimund Linke/Photos.com/Getty Images

Irzhanova Asel/Shutterstock

....

Alex Lindr/Shutterstock

Photos.com/Getty Images

....

2 Complete cada frase com um dos verbos do quadro.

trovejou	anoitece	esfrie	choveu

a) Assim que ...., eu janto e vou dar uma volta no calçadão da praia.

b) .... forte esta noite, por isso a rua estava alagada.

c) Na hora em que saía de casa .... e eu me assustei com o forte estrondo.

d) Levaremos um agasalho, caso .... muito à noite.

3 Escreva frases com:

a) um ou mais verbos de ação;

....

....

....

....

....

b) um ou mais verbos que indicam fenômenos da natureza.

....

....

....

....

....

....

4 Marque um **X** na classificação correta dos verbos destacados. Veja o exemplo.

Frases	Verbos que indicam	
	ação	fenômenos da natureza
Nevou em Paris.		X
Lerei um livro nas próximas férias.		
Marta **canta** muito bem!		
Esta noite **geou** no Sul.		
Se **ventasse** mais forte, os telhados teriam sido arrancados.		

5 Leia as quadrinhas em voz alta.

Amanheceu, acordei.

Queria passear.

Olhei pela janela,

Chovia sem parar!

Anoiteceu, dormi.

Queria sonhar.

Ventava, trovejava,

Tremia sem parar!

Ilustrações: Ilustra Cartoon/Arquivo da editora

- Contorne no texto os verbos que indicam fenômenos da natureza. Depois, copie-os e escreva a forma como são encontrados no dicionário. Veja o exemplo.

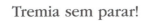

........amanheceu........ → ....amanhecer........

.... → ....

.... → ....

.... → ....

.... → ....

Ortografia  e, ei; o, ou

1 Leia a informação e complete as palavras destacadas seguindo o código.

> ● → e   ♥ → ei

[...] Criar brinquedos e brincad........♥........ras é uma tarefa interessant................● e div........●........rtida. Cada brinquedo pod........●........ apresentar uma forma, um tamanho, uma cor diferent........●........... de acordo com a imaginação de quem o cria e constrói. Usar diferentes materiais e descobrir novas man................♥........ras de usá-los sempr........●........ cativou crianças de todos os tempos.

Brinquedos e brincadeiras, de Nereide Schilaro Santa Rosa. São Paulo: Moderna, 2001.

2 Ordene as sílabas e escreva as palavras formadas.

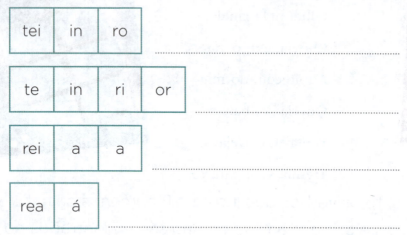

tei	in	ro	

....

te	in	ri	or

....

rei	a	a

....

rea	á

....

● Agora, complete as frases com as palavras que você escreveu.

a) Marcos pegou .... da praia para fazer um castelo em uma .... do quintal de sua casa.

b) Bruno deixou cair um pacote .... de biscoitos no .... de um buraco na calçada.

3 Leia o poema.

Uma soneca

Numa soneca de verão

o passarinho ali **cantou**.

E o **canto** ficou pendurado

na rama do pé de limão.

Laura Devetach. In: **Poemas com Sol e sons: poesia latino-americana para meninas e meninos**. São Paulo: Melhoramentos, 2000.

- Leia em voz alta as palavras destacadas e complete as frases.

A palavra ...., do verbo **cantar**, está no tempo passado.

No poema, a palavra .... é um substantivo.

4 As palavras do quadro abaixo terminam em **o** ou **ou**. Escreva-as nos espaços adequados para completar as frases.

anunciou	anúncio	contou	conto

a) Tamires .... um .... de fadas para sua irmãzinha.

b) O repórter .... na televisão a venda de uma

grande loja de roupas. O .... também saiu no jornal.

- Agora, marque um **X** na resposta certa.

As palavras terminadas em **ou** que você utilizou para completar

as frases são verbos no tempo:

☐ presente. ☐ futuro. ☐ passado.

5 Escreva **o** ou **ou** para completar as palavras.

- tes.......ra
- d.......tor
- est.......jo
- cen.......ra

- esc.......va
- d.......rado
- ceb.......la
- r.......pa

PLURAL DAS PALAVRAS TERMINADAS EM M

Leia os quadrinhos.

UM BOMBOM, POR FAVOR.

SE VOCÊ LEVAR DOIS BOMBONS, GANHARÁ UM DESCONTO!

● um bombo**m**

● dois bombo**ns**

Leia estes pares de palavras no singular e no plural.

Singular	Plural
bombom	bombons
nuvem	nuvens
homem	homens
pudim	pudins
algum	alguns

Para formar o plural das palavras terminadas em **m**, troca-se **m** por **ns**.

Atividades

1 Complete o quadro com as formas que faltam.

Singular	Plural
passagem	
	garçons
folhetim	
trem	
	boletins
cupom	
	imagens
batom	

2 Escolha uma das palavras entre parênteses para completar as frases.

a) João e Carla já fizeram as malas para a .... ao México. (viagem/viagens)

b) O médico que cuida dos .... é o nefrologista. (rim/rins)

c) Os antigos .... desta cidade foram desativados. (armazém/armazéns)

d) Simone comeu um pedaço do .... que sua mãe preparou. (pudim/pudins)

e) Na .... do prédio onde mora Rafael há duas vagas por apartamento. (garagem/garagens)

3 Passe as palavras a seguir para o plural e separe as sílabas das novas palavras. Veja o exemplo.

a) mensagem → *mensagens* → *men-sa-gens*

b) alecrim → .... → ....

c) viagem → .... → ....

d) homem → .... → ....

e) origem → .... → ....

f) homenagem → .... → ....

4 Complete a cruzadinha com o plural das palavras do quadro.

1. patim	6. linguagem
2. selvagem	7. jasmim
3. quindim	8. jovem
4. som	9. atum
5. comum	10. aprendizagem

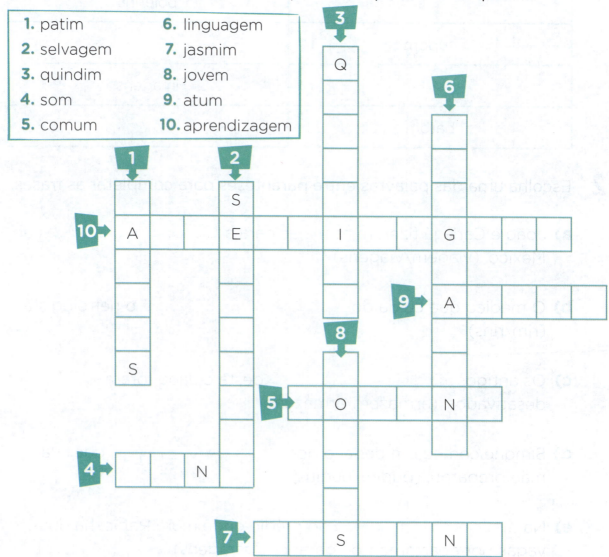

5 Complete a legenda das fotos com o plural das palavras do quadro.

personagem	jardim	nuvem	margem

....
floridos e bem cuidados deixam
a paisagem mais bonita.

De dentro do avião
podemos ver de perto as

.... no céu.

As ....
de muitos rios brasileiros estão
cheias de lixo, o que prejudica a
passagem da água.

Os ....
da Disney são famosos em todo
o mundo.

Ortografia → ns depois de vogal: ans, ens, ins, ons, uns

1 Leia as palavras a seguir. Em todas elas há som nasal. Contorne a sílaba em que isso ocorre.

transformou	transporte	parabéns
instável	construí	patins
folhagens	inspecionar	alguns

> **Instável**: que não é constante, que muda e varia; variável.
> **Inspecionar**: observar com grande atenção, para verificar seu estado e funcionamento.

• Complete as frases com as palavras do quadro.

a) O tempo estava .... De repente, a cidade

se .... As .... das

árvores foram carregadas pela forte tempestade.

b) Assim que eu expliquei como .... a

maquete, ... professores e colegas me deram

os ....

c) Fomos de .... até o parque.

d) Os fiscais foram .... a nova estrada, feita

para o .... de produtos agrícolas.

2 Escreva o plural das palavras.

um pudim ↓   um bombom ↓   um amendoim ↓   um aipim ↓

3 Junte as sílabas para formar palavras escritas com **ns. Dica:** vale repetir as sílabas.

trans	ins	cons	tru	ren	ra	men	te
pe	la	pi	pa	tor	ção	to	ta

....

....

....

....

....

> O **til ~** e as consoantes **m** e **n** após vogal indicam **som nasal**.

4 Copie as palavras do quadro, separando-as em sílabas. Depois, contorne as sílabas que têm som nasal.

sombra	mentira	competição	framboesa
anão	pensamento	instrumento	maçã
constante	bobagens	viagens	consentimento

....

....

....

....

....

....

....

Leia o texto.

A turma do 3º ano, ontem, visitou o museu da cidade. André admirou o esqueleto de dinossauro.

Ilustra Cartoon/Arquivo da editora

 • Quem visitou o museu?

 • Quem admirou o esqueleto de dinossauro?

Veja esta frase. Ela está organizada em duas partes.

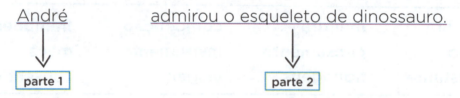

André → parte 1

admirou o esqueleto de dinossauro. → parte 2

Parte 1 ⟶ Quem admirou o esqueleto de dinossauro? **André.**

Parte 2 ⟶ O que se fala sobre essa pessoa? **Que admirou o esqueleto de dinossauro.**

Sujeito é o ser sobre quem se fala.

Predicado é o que se fala sobre o sujeito.

Assim:

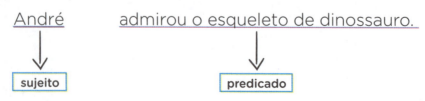

André → sujeito

admirou o esqueleto de dinossauro. → predicado

Atividades

1 Leia as frases.

1 Júlio brincou com seu primo.

2 Os irmãos saíram de boné.

3 A cozinheira fez o bolo do casamento.

4 Renata, Luís e André prepararam a festa.

5 O cachorro latiu alto.

• Agora, complete este quadro. Veja o exemplo.

Frase	Ação	Quem fez?	O que fez?
1	brincou	Júlio	brincou com seu primo
2			
3			
4			
5			

2 Contorne o sujeito das orações.

a) O avião pousou no aeroporto internacional.

b) Todas as crianças precisam de carinho.

c) O beija-flor beijou a flor e partiu.

d) A Lua nasceu atrás do monte.

e) Nós fomos até a padaria a pé.

3 Separe o sujeito e o predicado das orações e escreva-os no quadro.

a) Luísa leu uma história em quadrinhos.

b) Eu coloquei na mochila meus cadernos novos.

c) Talita e João participarão do torneio de xadrez.

d) Os alunos tiveram aula de Informática hoje.

e) A Terra é um planeta do Sistema Solar.

O verbo sempre faz parte do predicado.

Sujeito (sobre quem se fala)	Predicado (o que se fala)

4 O que se fala do sujeito? Observe as figuras e escreva um predicado para cada frase.

Os meninos ....

....

....

O cachorro ....

....

....

Ilustrações: Ilustra Cartoon/Arquivo da editora

5 Junte as fichas com sujeito às fichas com predicado para formar frases. Escreva as frases formadas embaixo das figuras correspondentes.

pintou um lindo quadro.　　　A vendedora　　　O artista

plantaram uma árvore.　　　apagou com o vento.

Os voluntários　　　atendeu bem o cliente.　　　A vela

....
....

....
....

....
....

....
....

Ilustrações: Ilustra Cartoon/Arquivo da editora

6 Escreva um sujeito para completar cada frase.

a) .... comi um pedaço delicioso de torta de morango.

b) .... distribuirá os livros entre as crianças.

c) .... é um meio de comunicação.

Ortografia ⟿ gue, gui; gua, guo

1 Leia os quadrinhos.

PARE, **MIGUEL**! **DESLIGUE** ISSO.

ORA, **GUILHERME**, O SOM DA MINHA **GUITARRA** NÃO É FANTÁSTICO?!

Ilustrações: Ilustra Cartoon/Arquivo da editora

- Escreva as palavras destacadas no diálogo conforme a indicação das colunas.

Palavras com **gue**	Palavras com **gui**

2 Leia as palavras em voz alta e contorne a palavra intrusa em cada grupo.

guerra
foguete
geladeira
dengue
açougue

ginástica
águia
preguiça
guirlanda
guidão

3 Leia o poema.

O guarda-chuva do guarda

O guarda

guarda

o guarda-chuva

no guarda-roupa.

O guarda

da minha rua

é anjo da guarda

e me guarda.

O guarda de guarda-chuva

aguarda a chuva chover.

Chove chuva,

no guarda-chuva

do guarda.

O guarda-chuva do guarda, de Bartolomeu Campos de Queirós. São Paulo: Moderna, 2004.

● Agora, observe as figuras e copie do poema os versos referentes a cada uma delas.

Ilustrações: Ilustra Cartoon/Arquivo da editora

....

....

....

4 Complete as palavras com **gue** ou **gui**.

a) Li...................i para sua casa ontem.

b) Seu ami ....nho se ....u o conselho dos pais.

c) A á...................a perse................... pequenos animais para caçá-los.

d) Vamos jogar pin................... -pon...................?

5 Complete as palavras com **gua** ou **ga**.

a) Tracei uma linha reta com a ré....................

b) Apa...................a luz e a ....rda quietinho que o sono chega.

c) A fêmea do ....lo é a ....linha.

d) Conheço os al...................rismos arábicos e os al...................rismos romanos.

6 Agrupe os substantivos nas colunas adequadas.

égua	**formigueiro**	**aguou**	**jaguatirica**
preguinho	**guindaste**	**mangueira**	**linguagem**

Vogais **e** ou **i** depois de **gu**	Vogais **a** ou **o** depois de **gu**

- Agora, assinale a informação correta.

☐ No grupo **gu**, a vogal **u** seguida de **e** ou **i** é pronunciada.

☐ No grupo **gu**, a vogal **u** seguida de **a** ou **o** é pronunciada.

7 Observe as figuras e preencha a cruzadinha com o nome delas. **Dica:** as palavras têm **gua**, **gue** ou **gui**.

8 Faça como no exemplo.

- prego → *preguinho*
- figa → ....

- formiga → ....
- morango → ....

- colega → ....
- tartaruga → ....

- lago → ....
- pingo → ....

1 Observe esta foto com atenção.

Camila Gauditano/Studio R

● Mulher xavante confeccionando cesto de palha de buriti. Aldeia Wederã, em Mato Grosso. Foto de 2009.

a) O que você vê nessa foto? Produza um texto coletivo com mais dois colegas.

b) Qual é o nome da aldeia em que foi tirada essa foto e em qual estado ela fica?

....

c) Abaixo, leia novamente a legenda da foto e pinte um adjetivo.

Mulher xavante confeccionando cesto de palha de buriti. Aldeia Wederã, em Mato Grosso. Foto de 2009.

2 Leia o trecho abaixo.

A mulher xavante ensina a criança a fazer cesto de palha de buriti. A mulher confecciona esses cestos para vender.

a) Reescreva o trecho trocando o substantivo **mulher** da segunda frase por um pronome.

....

....

....

b) Quais verbos indicam a ação que a mulher pratica?

....

3 Ordene as sílabas e escreva as palavras formadas.

a)

tei	es	ra

....

c)

ro	ca	chor

....

b)

to	ces

....

d)

pa	rou

....

• Agora, reescreva as palavras formadas e escreva um adjetivo para cada uma.

....

....

SUGESTÕES PARA O ALUNO

Livros

A colcha de retalhos, de Conceil Corrêa da Silva e Nye Ribeiro Silva, Editora do Brasil.

Ao fazer os retalhos de uma colcha, Felipe também recorta e costura recordações. Resgatando o passado, ele conhece o sentido da saudade e da memória que faz parte da construção de cada um.

A escolinha da Serafina, de Cristina Porto, Ática.

Serafina e seus amigos resolvem ensinar os adultos a ler e a escrever, pois querem acabar com o analfabetismo no bairro onde moram. Para completar a missão, eles também dão aulas de reforço escolar para as crianças.

CD

Um minutiiiinho!, de Palavra Cantada. MCD Productions.

O CD apresenta 14 canções com efeitos sonoros que alegram, ao som de guitarra, bateria, vibrafone, violão e baixo.

Livros

A estranha Madame Mizu, de Thierry Lenain, Companhia das Letrinhas.

Zoé tem um medo danado de sua vizinha, ainda mais quando seus pais saem e ela fica sozinha em casa. Mas Zoé também tem muita coragem e sabe que, um dia, esse pesadelo tem que acabar...

Alguns medos e seus segredos, de Ana Maria Machado, Global.

Quem tem medo de lagartixa? E de bicho-papão e lobo mau? Nesse livro você encontra três histórias que contam várias formas de enfrentar os medos e as inseguranças.

Flicts, de Ziraldo, Melhoramentos.

Todo mundo quer ter um amigo, alguém para dividir os momentos, brincar e se divertir. Mas e quando não há ninguém como você? E quando você parece diferente de todo mundo? Foi isso o que aconteceu com a cor Flicts. Como será que nós poderíamos ajudá-la?

Livros

Lá vem história, de Heloisa Prieto, Companhia das Letrinhas.

Você já ouviu falar no Macunaíma? E na Scherazade? Se você respondeu não a uma dessas perguntas, já é hora de entrar no mundo maravilhoso desse livro, que contém histórias de várias partes do mundo, com valentes samurais, ursos que viram estrelas, imensos homens-gatos e muito mais!

O mágico de Oz, de L. Frank Baum, Scipione.

Dorothy e o cão Totó são arrastados por um ciclone a uma terra desconhecida. Para voltar para casa, a menina precisa encontrar o mágico de Oz. Somente ele poderá ajudá-la. Para encontrar esse mágico, Dorothy percorre um longo caminho. Nessa aventura, ela e seus novos amigos Espantalho, Leão Covarde e Homem de lata enfrentam bruxas malvadas e são ajudados por macacos alados, pelos Winkies e por uma bruxa boa.

Filme

Zootopia: Essa cidade é o bicho. Dirigido por Byron Howard e Rich Moore. 1 h 48 m.

Nesse filme, uma coelha e uma raposa terão de superar suas diferenças para desvendar um caso relacionado a uma grave crise na cidade, que é povoada por animais de todos os tipos.

Livros

Pedro e o Lobo, de Heloisa Prieto, Ática.

Pedro tem um grande desejo: brincar com seus amigos animais na floresta tão cheia de aventura e natureza. De manhãzinha, enquanto o avô dele ainda está dormindo, Pedro sai pé ante pé em direção à floresta proibida, onde o lobo ronda faminto à procura de comida...

Sopa de letrinhas, de Teresa Noronha, Moderna.

Xande ainda não entende muito bem como são escritas as palavras: se com **x** ou **ch**, se com **ss** ou **c**... Um dia ele resolve tomar uma sopa de letrinhas, e o resultado é impressionante! Até o irmão de Xande fica espantado com o que acontece com o menino.

Viva eu, viva tu, viva o rabo do tatu!, de Lenice Gomes, Cortez.

Nesse livro a autora brinca com parlendas, que, uma a uma, vão costurando os próprios poemas. É uma viagem divertida e poética pelas rimadas e ritmadas parlendas.

BIBLIOGRAFIA

ADAMS, M. J. et al. *Consciência fonológica em crianças pequenas*. Porto Alegre: Artmed, 2006.

ANTUNES, I. *Gramática contextualizada*: limpando "o pó das ideias simples". São Paulo: Parábola Editorial, 2007.

_____. *Muito além da gramática*: por um ensino de línguas sem pedras no caminho. São Paulo: Parábola Editorial, 2007.

AZEREDO, J. C. de. *Gramática Houaiss da língua portuguesa*. São Paulo: Publifolha, 2014.

BAGNO, M. *Gramática pedagógica do português brasileiro*. São Paulo: Parábola Editorial, 2012.

BECHARA, E. *Moderna gramática portuguesa*. Rio de Janeiro: Nova Fronteira, 2019.

BELINTANE, C. *Oralidade e alfabetização*: uma nova abordagem da alfabetização e do letramento. São Paulo: Cortez, 2013.

BORGES, D. S. C.; MARTURANO, E. M. *Alfabetização em valores humanos*: um método para o ensino de habilidades sociais. São Paulo: Summus, 2012.

BRASIL. Ministério da Educação. Secretaria de Educação Fundamental. *Base Nacional Comum Curricular (BNCC)*, Brasília, 2017.

CAGLIARI, L. C. *Alfabetização & linguística*. São Paulo: Scipione, 2009. (Pensamento e ação na sala de aula).

CAMARA JÚNIOR, J. M. *Dicionário de linguística e gramática*: referente à língua portuguesa. Petrópolis: Vozes, 2009.

_____. *Manual de expressão oral e escrita*. Petrópolis: Vozes, 2012.

CEGALLA, D. P. *Dicionário de dificuldades da língua portuguesa*. Rio de Janeiro: Lexikon, 2009.

CUNHA, C.; CINTRA, L. F. L. *Nova gramática do português contemporâneo*. Rio de Janeiro: Nova Fronteira, 2013.

DEMO, P. *Habilidades e competências*: no século XXI. Porto Alegre: Mediação, 2010.

DUDENEY, G.; HOCKLY, N.; PEGRUM, M. *Letramentos digitais*. Tradução: Marcos Marciolino. São Paulo: Parábola Editorial, 2016.

INSTITUTO ANTÔNIO HOUAISS; AZEREDO, J. C. (Coord.). *Escrevendo pela nova ortografia*: como usar as regras do novo acordo ortográfico da língua portuguesa. São Paulo: Publifolha, 2013.

LUFT, C. P. *Novo Guia Ortográfico*. São Paulo: Globo, 2013.

MICOTTI, M. C. de O. (Org.). *Leitura e escrita*: como aprender com êxito por meio da pedagogia de projetos. São Paulo: Contexto, 2009.

MORAIS, A. G. *Ortografia: ensinar e aprender*. São Paulo: Ática, 2012.

_____. *Sistema de escrita alfabética*. São Paulo: Melhoramentos, 2012. (Como eu ensino).

NÓBREGA, M. J. *Ortografia*. São Paulo: Melhoramentos, 2013. (Como eu ensino).

PERINI, M. A. *Para uma nova gramática do português*. São Paulo: Ática, 2007.

SAVIOLI, F. P.; FIORIN, J. L. *Para entender o texto*: leitura e redação. São Paulo: Ática, 2007.

TRAVAGLIA, L. C. *Na trilha da gramática*: conhecimento linguístico na alfabetização e letramento. São Paulo: Cortez, 2013.

ZABALA, A.; ARNAU, L. *Como aprender e ensinar competências*. Porto Alegre: Artmed, 2010.

MARCHA CRIANÇA

GRAMÁTICA

MINIDICIONÁRIO

3º ANO

ENSINO FUNDAMENTAL

Aluno: ....

Escola: .... Turma: ....

editora scipione

COMO USAR SEU MINIDICIONÁRIO

Veja, a seguir, como organizamos este **Minidicionário** para você encontrar mais facilmente a palavra que procura.

Ordem alfabética

Todas as palavras são apresentadas em ordem alfabética.

Palavras-base

No alto de cada página, há duas palavras: a que está à esquerda é a primeira palavra daquela página. A da direita é a última.

Verbetes

São as palavras explicadas neste **Minidicionário**, acompanhadas de algumas informações sobre elas: a divisão silábica, a categoria gramatical, sua definição e, em muitos casos, exemplos de uso. As palavras de origem estrangeira vêm acompanhadas de sua pronúncia. Os verbetes estão em roxo para facilitar sua localização.

Divisão silábica

Logo depois de cada palavra, é apresentada sua divisão silábica entre parênteses (com exceção das palavras de origem estrangeira).

Categoria gramatical

Logo após a divisão silábica, é informado, em itálico e entre parênteses, se a palavra é um substantivo, um adjetivo ou um verbo.

Definição

Depois da categoria gramatical, você encontrará a definição da palavra, isto é, a explicação do seu significado. Às vezes, uma palavra tem mais de um significado. Nesse caso, um número aparece antes de cada um deles.

Exemplos de uso

Em alguns casos, após a definição, você vai encontrar uma frase em *itálico* que mostra um exemplo de uso daquela palavra, destacada em **negrito**. Quando a palavra tem mais de um significado, pode haver mais de um exemplo de uso.

Ilustrações

As ilustrações coloridas do **Minidicionário** ajudarão você a compreender o significado de algumas palavras.

Ilustra Cartoon/Arquivo da editora

ABASTECER (A-BAS-TE-CER) *(verbo)*

Fornecer alimentos, materiais ou outros produtos necessários.

O homem está levando as frutas para **abastecer** *o mercado.*

ABASTECIMENTO

(A-BAS-TE-CI-MEN-TO) *(substantivo)*

Ação de abastecer.

O **abastecimento** *de água voltou ao normal.*

ABÓBORA (A-BÓ-BO-RA) *(substantivo e adjetivo)*

1. *(substantivo)* Fruto da aboboreira. Tem casca grossa, forma redonda ou alongada e o interior de cor laranja. É usada em pratos salgados ou doces. É o mesmo que jerimum.

   Gosto muito de doce de **abóbora**.

2. *(adjetivo)* Que tem a cor da abóbora.

   A garota vestia uma blusa **abóbora**.

AÇAÍ (A-ÇA-Í) *(substantivo)*

Fruto do açaizeiro, de cor roxa escura. Geralmente é usado para fazer suco ou sorvete e pode ser comido com cereais ou farinha.

Sorvete de **açaí** *é muito bom e nutritivo.*

AÇAIZEIRO (A-ÇAI-ZEI-RO) *(substantivo)*

Tipo de palmeira que produz o fruto do açaí.

O **açaizeiro** *é natural da Amazônia.*

AÇOUGUE (A-ÇOU-GUE) *(substantivo)*

Local onde são vendidos diversos tipos de carne.

Mamãe me pediu para comprar frango no **açougue**.

AÇUDE (A-ÇU-DE) *(substantivo)*

Espécie de poço enorme, feito para represar a água usada na agricultura, no abastecimento da população ou, ainda, na geração de luz elétrica.

ADMIRAR (AD-MI-RAR) *(verbo)*

1. Olhar uma coisa ou pessoa com espanto, encantamento.

   Todos ficaram **admirando** *o quadro.*

2. Gostar bastante de uma característica ou ação de alguém.

   A professora **admira** *a educação dos alunos.*

Ilustrações: Ilustra Cartoon/Arquivo da editora

ÁLBUM (ÁL-BUM) *(substantivo)*

Caderno ou livro usado para a colagem de fotos, selos ou outros itens.

*Acabei de preencher meu **álbum** de figurinhas.*

ALFABETO (AL-FA-BE-TO) *(substantivo)*

Conjunto de sinais de uma língua, usado para escrever e ler. Também é chamado de abecedário ou abecê.

*Nosso **alfabeto** tem 26 letras.*

ANFÍBIO (AN-FÍ-BIO) *(substantivo)*

Animal que vive tanto na água como na terra. São exemplos as rãs, os sapos e as salamandras.

ANIMAL (A-NI-MAL) *(substantivo)*

1. Todo ser vivo que se locomove e é capaz de ter sensações.
2. Pessoa muito má, desumana.

AQUARELA (A-QUA-RE-LA) *(substantivo)*

1. Tinta em forma de massa, solúvel em água.
2. Tipo de pintura feito com essa tinta.

*A técnica usada para ilustrar o livro foi **aquarela**.*

ARQUIPÉLAGO (AR-QUI-PÉ-LA-GO) *(substantivo)*

Conjunto de ilhas próximas, localizadas em uma região do oceano.

ATENÇÃO (A-TEN-ÇÃO) *(substantivo)*

1. Ação de concentrar o pensamento em algo.
2. Atitude de boa vontade em relação a alguém.

ATLAS (A-TLAS) *(substantivo)*

Coleção de mapas organizados em livro.

AUDIÇÃO (AU-DI-ÇÃO) *(substantivo)*

Capacidade de ouvir os sons. É um dos nossos cinco sentidos.

*O órgão da **audição** é a orelha.*

AUTOMÓVEL (AU-TO-MÓ-VEL) *(substantivo)*

Qualquer veículo, movido a motor, para carregar passageiros ou carga.

*Crianças devem viajar sempre no banco traseiro do **automóvel**.*

AVIÃO (A-VI-ÃO) *(substantivo)*

Veículo, em geral com vários motores, que voa sustentado por asas.

AZEDO (A-ZE-DO) *(adjetivo)*

1. Que tem sabor ácido, parecido com o do limão.
2. Que está estragado.
3. Mal-humorado, irritado.

*Sérgio está **azedo** hoje.*

Ilustrações: Ilustra Cartoon/Arquivo da editora

B b

BAGUNÇA (BA-GUN-ÇA) *(substantivo)*

1. Falta de ordem.

   *Fábio, arrume a **bagunça** do seu quarto: todos os brinquedos estão fora de lugar!*

2. Baderna, confusão.

   *No fim do jogo de futebol os torcedores tentaram invadir o campo: formou-se uma **bagunça**.*

BAIÃO (BAI-ÃO) *(substantivo)*

Tipo de dança e canto popular, acompanhado de vários instrumentos, como viola, acordeão, zabumba e outros. É de origem nordestina.

BALDEAÇÃO (BAL-DE-A-ÇÃO) *(substantivo)*

Transferência de pessoas ou cargas de um transporte para outro, como em estações do metrô.

*Para ir até a zona sul de metrô é preciso fazer **baldeação** no centro.*

BALSA (BAL-SA) *(substantivo)*

Embarcação grande e plana. É usada para fazer a travessia de passageiros e cargas em rios ou no mar.

BARRACA (BAR-RA-CA) *(substantivo)*

1. Tenda para acampar.
2. Armação usada em feiras.

BAÚ (BA-Ú) *(substantivo)*

Caixa em geral em forma de retângulo, grande e de madeira, com tampa. Serve para guardar e transportar diversos objetos.

BIBLIOTECA (BI-BLI-O-TE-CA) *(substantivo)*

1. Coleção de livros.
2. Lugar onde há coleções de livros organizadas para consulta.

   *Naquela **biblioteca** podemos pegar livros emprestados.*

BOLETIM (BO-LE-TIM) *(substantivo)*

Folha de papel ou caderneta que contém a relação das notas de cada matéria de um estudante.

BOSQUE (BOS-QUE) *(substantivo)*

Pequeno conjunto de árvores próximas umas das outras.

Ilustrações: Ilustra Cartoon/Arquivo da editora

BRASÃO (BRA-SÃO) *(substantivo)*

Peça com símbolos de uma família tradicional, de uma cidade, um país, etc.

*O **brasão** da República é um dos símbolos do Brasil.*

BREJO (BRE-JO) *(substantivo)*

Terreno alagado. É o mesmo que pântano.

BRINCALHÃO (BRIN-CA-LHÃO) *(adjetivo)*

Que sempre faz brincadeiras, que gosta de se divertir e divertir os outros.

BRUÇOS (BRU-ÇOS) *(substantivo)*

Posição de quem deita com a barriga para baixo.

C c

CABEÇA (CA-BE-ÇA) *(substantivo)*

Parte do corpo em cima do pescoço. Nela estão a boca, o nariz, os olhos, as orelhas e os cabelos.

CABRA-CEGA (CA-BRA-CE-GA) *(substantivo)*

Jogo infantil em que um participante fica com os olhos cobertos e deve tentar pegar os outros. Ele será substituído no jogo pela criança que ele conseguir pegar primeiro.

CACHORRO (CA-CHOR-RO) *(substantivo)*

Mamífero de quatro patas, em geral criado como animal de estimação. Outro nome dado ao cachorro é *cão*.

CAFÉ (CA-FÉ) *(substantivo)*

1. Fruto do cafeeiro. As sementes desse fruto, depois de torradas e moídas, formam o pó de café.
2. Bebida feita com o pó de café.
   *Minha mãe gosta de tomar **café**.*

CANTINA (CAN-TI-NA) *(substantivo)*

1. Local, em geral pequeno, onde se vendem lanches e bebidas. Geralmente, há cantinas em escolas, quartéis, hospitais, etc.
2. Restaurante simples que serve comida italiana.

Ilustrações: Ilustra Cartoon/Arquivo da editora

🐟 **CARDUME** (CAR-DU-ME) *(substantivo)*

Grande quantidade de peixes da mesma espécie.

*As sardinhas nadam em **cardumes**.*

🐟 **CARNAVAL** (CAR-NA-VAL) *(substantivo)*

Grande festa popular em que os participantes dançam fantasiados em blocos de rua, salões ou grupos numerosos, como as escolas de samba. Acontece nos três dias antes da Quarta-Feira de Cinzas.

🐟 **CARNEIRO** (CAR-NEI-RO) *(substantivo)*

Animal mamífero que come ervas e vegetais. Tem o corpo coberto de lã.

*A fêmea do **carneiro** é a ovelha.*

🐟 **CARNE-SECA** (CAR-NE-SE-CA) *(substantivo)*

1. Carne de boi cortada, salgada e seca ao sol. Também é conhecida como charque ou jabá.
2. Prato preparado com essa carne.

    *Comemos **carne-seca** com mandioca.*

🐟 **CARNÍVORO** (CAR-NÍ-VO-RO) *(adjetivo)*

Que se alimenta somente ou quase só de carne.

*O leão é um animal **carnívoro**.*

Ilustrações: Ilustra Cartoon/Arquivo da editora

🐟 **CATÁLOGO** (CA-TÁ-LO-GO) *(substantivo)*

Lista de nomes de pessoas, endereços, serviços, livros, etc. Geralmente, o catálogo é organizado em ordem alfabética.

🐟 **CENA** (CE-NA) *(substantivo)*

Cada parte de um filme, de uma peça de teatro ou de uma telenovela.

🐟 **CENÁRIO** (CE-NÁ-RIO) *(substantivo)*

Conjunto de imagens, desenhos ou peças que formam o espaço onde um espetáculo é apresentado. Pode ser de televisão, teatro ou cinema.

🐟 **CENTRO-OESTE** (CEN-TRO-O-ES-TE) *(substantivo)*

Uma das cinco regiões do Brasil. Inclui o Distrito Federal, Goiás, Mato Grosso e Mato Grosso do Sul.

🐟 **CERTEZA** (CER-TE-ZA) *(substantivo)*

Qualidade do que é certo, daquilo que não deixa dúvida.

*Tenho **certeza** da vitória do nosso time.*

🐟 **CHAFARIZ** (CHA-FA-RIZ) *(substantivo)*

Tipo de construção com bicas, de onde sai água. É comum encontrá-lo em jardins, praças ou parques públicos.

🐟 **CIDADÃO** (CI-DA-DÃO) *(substantivo)*

1. Pessoa que tem a proteção das leis de seu país, que tem direitos e precisa cumprir seus deveres ou obrigações.

    *O **cidadão** tem o direito de estudar e o dever de proteger a natureza.*
2. Habitante de uma cidade.

A
B
C
D
E
F
G
H
I
J
K
L
M
N
O
P
Q
R
S
T
U
V
W
X
Y
Z

CIDADE (CI-DA-DE) *(substantivo)*

Lugar onde geralmente existe grande número de casas, edifícios, escolas, indústrias, comércios e serviços.

*A **cidade** é organizada em ruas, que são agrupadas em bairros.*

CIRCO (CIR-CO) *(substantivo)*

Local coberto, em forma de círculo, onde se realizam espetáculos com palhaços, acrobatas e outros artistas para a diversão do público.

CLIMA (CLI-MA) *(substantivo)*

Conjunto de condições de temperatura, chuva, vento, etc. de um lugar ou uma região.

*O **clima** da cidade é quente e úmido.*

CÓCEGAS (CÓ-CE-GAS) *(substantivo)*

Sensação no corpo que faz a pessoa rir sem parar ou se sentir irritada.

*As **cócegas** são provocadas por toques repetidos na pele.*

CÓDIGO (CÓ-DI-GO) *(substantivo)*

Série de sinais organizados que apresenta uma mensagem.

*O cientista decifrou o **código** de um povo antigo.*

COLABORADOR (CO-LA-BO-RA-DOR) *(substantivo)*

Pessoa que ajuda ou colabora com alguém em alguma coisa.

COLEÇÃO (CO-LE-ÇÃO) *(substantivo)*

1. Conjunto ou reunião de objetos de mesma natureza.

*Quer conhecer minha **coleção** de selos?*

2. Conjunto de livros de um mesmo autor ou de vários, publicados pela mesma editora.

*O livro é da nova **coleção** de livros infantis.*

COMEÇAR (CO-ME-ÇAR) *(verbo)*

Dar início a alguma atividade ou coisa.

*Vamos **começar** a leitura?*

CONSTELAÇÃO (CONS-TE-LA-ÇÃO) *(substantivo)*

Grupo de estrelas. Quando observadas, imagina-se que elas sejam ligadas por linhas, formando desenhos diferentes.

CRIANÇA (CRI-AN-ÇA) *(substantivo)*

Ser humano que ainda está na infância.

*As **crianças** gostam de brincar.*

Ilustrações: Ilustra Cartoon/Arquivo da editora

D d

DAMAS (DA-MAS) *(substantivo)*
Jogo de tabuleiro quadriculado. Nele, duas pessoas movem peças brancas ou pretas. Ganha a partida quem consegue tomar todas as peças do outro jogador.

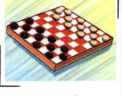

DEBOCHAR (DE-BO-CHAR) *(verbo)*
Falar de uma pessoa ou de algo com desprezo. Também pode significar zombar de alguém.

DELEGACIA (DE-LE-GA-CI-A) *(substantivo)*
Local onde são realizadas as atividades da polícia. Nela o cidadão também pode tirar documentos, fazer denúncias, etc.

DELEGADO (DE-LE-GA-DO) *(substantivo)*
Chefe da delegacia de polícia.

DERRAMAR (DER-RA-MAR) *(verbo)*
Deixar cair ou espalhar algum tipo de líquido.
*A menina **derramou** leite na mesa.*

DERROTAR (DER-RO-TAR) *(verbo)*
Ganhar do adversário em um jogo ou uma luta.
*Nosso time **derrotou** o adversário.*

DESCANSAR (DES-CAN-SAR) *(verbo)*
1. Parar de fazer algo que exija esforço.
*Depois de correr a maratona, ele precisou **descansar**.*

2. O mesmo que morrer.
*Vovô **descansou** depois de ficar muito tempo doente.*

DESCER (DES-CER) *(verbo)*
Movimentar-se de cima para baixo.
***Descemos** a escada correndo.*

DESMATAMENTO (DES-MA-TA-MEN-TO) *(substantivo)*
Corte de árvores ou destruição das matas naturais de um lugar ou uma região.
*O **desmatamento** prejudica a natureza.*

DESTINATÁRIO (DES-TI-NA-TÁ-RIO) *(substantivo)*
Pessoa para quem se manda alguma coisa, como uma carta.

DIALOGAR (DI-A-LO-GAR) *(verbo)*
Conversar com uma ou mais pessoas ou amigos.

DIFÍCIL (DI-FÍ-CIL) *(adjetivo)*
1. Que não é fácil, que exige esforço.
*É **difícil** subir aquele morro.*
2. Pouco provável, pouco possível.
*Acho **difícil** que ela viaje no Natal.*

Ilustrações: Ilustra Cartoon/Arquivo da editora

A B C **D** E F G H I J K L M N O P Q R S T U V W X Y Z

ECOLOGIA (E-CO-LO-GI-A) *(substantivo)*

Ciência que estuda as relações dos seres vivos com seu ambiente natural.

ECOSSISTEMA (E-COS-SIS-TE-MA) *(substantivo)*

Sistema que inclui os seres vivos e o meio ambiente no qual vivem.
*Ela estuda o **ecossistema** de uma reserva ambiental.*

EDUCAÇÃO (E-DU-CA-ÇÃO) *(substantivo)*

1. Ação de instruir, de ensinar.
   *A **educação** das crianças é um dever de todos.*
2. Boas maneiras.
   *Pisar na grama é falta de **educação**.*

ENCHENTE (EN-CHEN-TE) *(substantivo)*

Excesso ou acúmulo de águas por tempestade, chuva, maré, vazamento, entre outros.

*A **enchente** poderia ser evitada se não jogassem lixo na rua.*

EPIDEMIA (E-PI-DE-MI-A) *(substantivo)*

Surgimento de uma doença contagiosa que atinge muitas pessoas ao mesmo tempo. Em geral, a epidemia acontece em determinada região.

EROSÃO (E-RO-SÃO) *(substantivo)*

Formação de buracos no solo provocada pelas chuvas, pelo vento, entre outros agentes da natureza.

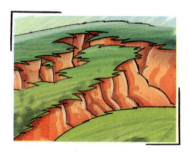

ESPAÇO (ES-PA-ÇO) *(substantivo)*

1. Qualquer lugar vazio ou ocupado pelas coisas.
2. Lugar além da Terra onde estão as estrelas, os planetas e as galáxias.
   *A nave espacial está viajando pelo **espaço**.*

ESPECTADOR (ES-PEC-TA-DOR) *(substantivo)*

Pessoa que assiste a um espetáculo em televisão, cinema, etc.

*O **espectador** saiu do teatro emocionado.*

EXCESSIVO (EX-CES-SI-VO) *(adjetivo)*

Que existe ou está em quantidade maior do que se precisa. O mesmo que exagerado.

Ilustrações: Ilustra Cartoon/Arquivo da editora

🦋**EXCURSÃO** (EX-CUR-SÃO) *(substantivo)*

Tipo de passeio quase sempre para um lugar distante de onde se vive e com a orientação de um guia.

🦋**EXTINÇÃO** (EX-TIN-ÇÃO) *(substantivo)*

Ato ou efeito de deixar de existir, acabar. O mesmo que desaparecimento.

*A **extinção** dos animais é um desastre ecológico.*

🦋**EXUBERÂNCIA** (E-XU-BE-RÂN-CIA) *(substantivo)*

Grande quantidade de alguma coisa.

A
B
C
D
E
F
G
H
I
J
K
L
M
N
O
P
Q
R
S
T
U
V
W
X
Y
Z

🦋**FÁBULA** (FÁ-BU-LA) *(substantivo)*

História curta em que existe uma lição de moral. Em geral, os personagens são animais que agem como seres humanos.

*A professora leu a **fábula** da cigarra e da formiga para os alunos.*

🦋**FACILITAR** (FA-CI-LI-TAR) *(verbo)*

1. Tornar fácil, pôr algo à disposição de uma pessoa.

   *Ele **facilitou** a organização da gincana na escola.*

2. Descuidar, colocar algo em risco ou em perigo.

   *Deixar remédios perto de crianças é **facilitar** demais.*

🦋**FANTOCHE** (FAN-TO-CHE) *(substantivo)*

Boneco movimentado por fios ou com as mãos. É muito usado em teatro.

🦋**FAUNA** (FAU-NA) *(substantivo)*

Grupo de animais que vivem em um mesmo ambiente em uma época.

*Algumas espécies da **fauna** do Amazonas estão ameaçadas de extinção.*

🦋**FAVORECER** (FA-VO-RE-CER) *(verbo)*

Dar proteção ou ajudar.

*As vendas de Natal **favorecem** o comércio.*

🦋**FEROZ** (FE-ROZ) *(adjetivo)*

1. Que se comporta como uma fera, que é selvagem.

   *O lince é um animal **feroz**.*

2. Que é cruel ou desumano.

   *É um inimigo **feroz**, sem coração.*

Ilustrações: Ilustra Cartoon/Arquivo da editora

🔹**FILIAÇÃO** (FI-LI-A-ÇÃO) *(substantivo)*

Relação de parentesco entre pais e filhos.

🔹**FLORA** (FLO-RA) *(substantivo)*

Conjunto de plantas de um lugar ou uma região.

*O pesquisador está estudando a **flora** da Mata Atlântica.*

🔹**FLUVIAL** (FLU-VI-AL) *(adjetivo)*

Que tem relação com rio.

*O barco é um meio de transporte **fluvial**.*

🔹**FOLCLORE** (FOL-CLO-RE) *(substantivo)*

Conjunto de costumes, artes populares e crenças de um país ou uma região.

*Dia 22 de agosto é o Dia do **Folclore**.*

🔹**FORMIGA** (FOR-MI-GA) *(substantivo)*

Inseto que vive em grandes grupos organizados em formigueiros.

🔹**FOZ** (FOZ) *(substantivo)*

Trecho em que um rio joga suas águas no mar, em um lago ou em outro rio.

G g

🔹**GALO** (GA-LO) *(substantivo)*

1. Ave que possui asas largas, crista carnuda, rabo com longas penas coloridas e esporões.

    *A fêmea do **galo** é a galinha.*

2. Inchaço provocado por batida na testa ou na cabeça.

🔹**GALPÃO** (GAL-PÃO) *(substantivo)*

Espécie de construção coberta. Geralmente, serve de depósito ou local para atividades da indústria.

🔹**GANHAR** (GA-NHAR) *(verbo)*

1. Receber algo grátis.

    ***Ganhei** um lindo presente de aniversário.*

2. Vencer um jogo, uma partida ou aposta.

    *Nosso time **ganhou** o jogo!*

🔹**GARÇOM** (GAR-ÇOM) *(substantivo)*

Profissional que serve as pessoas em lanchonetes, restaurantes, etc.

*O feminino de **garçom** é garçonete.*

Ilustrações: Ilustra Cartoon/Arquivo da editora

GARGALHADA (GAR-GA-LHA-DA) *(substantivo)*
Risada barulhenta e longa.

GARGALHAR (GAR-GA-LHAR) *(verbo)*
Dar gargalhadas.

GAROA (GA-RO-A) *(substantivo)*
Tipo de chuva fininha. Em geral, a garoa dura bastante tempo. É o mesmo que chuvisco.

GASTAR (GAS-TAR) *(verbo)*
1. Deixar de ter alguma coisa pelo uso que se faz dela.
   *Maria vai **gastar** o dinheiro na compra de material escolar.*
2. Fazer alguma coisa ir se consumindo.
   ***Gastei** a sola do sapato de tanto andar.*
3. Usar o tempo para fazer algo.
   ***Gastamos** horas até encontrar o caminho certo.*

GÊMEO (GÊ-MEO) *(adjetivo e substantivo)*
Nome que se dá a cada um dos filhos que nasceram do mesmo parto.

GOZAÇÃO (GO-ZA-ÇÃO) *(substantivo)*
Ato de rir de alguém ou de uma situação engraçada. É o mesmo que zombaria.

GUARANÁ (GUA-RA-NÁ) *(substantivo)*
Fruto do guaranazeiro, uma planta encontrada na região amazônica do Brasil. Esse fruto é usado, por exemplo, na fabricação de refrigerantes.

GUARDAR (GUAR-DAR) *(verbo)*
1. Cuidar ou proteger de algum perigo, vigiar.
   *A família foi viajar, mas deixou o cachorro para **guardar** a casa.*
2. Pôr algo em lugar seguro.
   *O menino **guardou** o brinquedo na caixa.*

GUERRA (GUER-RA) *(substantivo)*
Combate ou luta, com armas, entre países ou regiões.
*Existem países que quase sempre estão em **guerra**.*

GUERREIRO (GUER-REI-RO) *(adjetivo e substantivo)*
1. *(adjetivo)* Que se refere à guerra.
   *Era uma tribo **guerreira**.*
2. *(substantivo)* Quem pratica a guerra.
   *A tribo tinha mais de 5 mil **guerreiros**.*

GUITARRA (GUI-TAR-RA) *(substantivo)*
Instrumento musical elétrico de braço longo. Geralmente tem seis cordas metálicas, tocadas com palheta.

GURI (GU-RI) *(substantivo)*
Criança do sexo masculino. É o mesmo que garoto ou menino.
*O feminino de **guri** é guria.*

A B C D E F **G** H I J K L M N O P Q R S T U V W X Y Z

Ilustrações: Ilustra Cartoon/Arquivo da editora

HABITAÇÃO (HA-BI-TA-ÇÃO) *(substantivo)*

Lugar para morar.

*O sobrado é um tipo de **habitação**.*

HABITANTE (HA-BI-TAN-TE) *(substantivo)*

Que ou quem mora em um lugar.

*O tubarão é um **habitante** do mar.*

HÁBITAT (HÁ-BI-TAT) *(substantivo)*

1. Lugar que oferece condições necessárias para que uma espécie ou um grupo nasça, cresça e viva.
2. Ambiente natural.

   *O leão foi levado de volta para seu **hábitat**.*

HÁLITO (HÁ-LI-TO) *(substantivo)*

1. Ar que sai pela boca quando respiramos. O mesmo que bafo.
2. Cheiro da boca.

   *O menino acordou com mau **hálito**.*

HANDEBOL (HAN-DE-BOL) *(substantivo)*

Esporte com bola, jogado com as mãos, que tem por objetivo fazer gols, como no futebol. Cada equipe tem sete jogadores.

HERÓI (HE-RÓI) *(substantivo)*

1. Pessoa reconhecida por sua bravura e coragem diante dos perigos.

   *O salva-vidas se atirou no mar e salvou a menina. Ele agiu como um **herói**.*

2. Personagem principal de um filme, de uma história em quadrinhos ou de uma peça de teatro.

   *Meu **herói** preferido é o Homem--Aranha.*

HIGIENE (HI-GI-E-NE) *(substantivo)*

Conjunto de cuidados que se deve ter com o corpo e com o meio ambiente. Esses cuidados levam ao bem-estar e à preservação da saúde. É o mesmo que asseio; limpeza.

*A **higiene** é importante para evitar doenças.*

HIPOPÓTAMO (HI-PO-PÓ-TA-MO) *(substantivo)*

Animal mamífero muito grande, que tem a pele grossa. É herbívoro.

*Os **hipopótamos** vivem nas margens dos rios africanos.*

Ilustrações: Ilustra Cartoon/Arquivo da editora

HISTÓRIA (HIS-TÓ-RIA) *(substantivo)*

1. Narrativa que se conta para adultos ou crianças. Pode ser ou não fruto da imaginação.

   *A avó de Paula lhe conta **histórias** todas as noites.*

2. Nome da ciência que estuda os fatos ocorridos na vida dos povos.

   *Bianca gosta muito de estudar **História**.*

HONRA (HON-RA) *(substantivo)*

1. Sentimento de amor-próprio.

   *Ele ofendeu minha **honra**.*

2. Consideração.

   *A diretora nos deu a **honra** de sua presença.*

HORA (HO-RA) *(substantivo)*

1. Cada uma das 24 partes do dia.

   *Acordo às 8 **horas**.*

2. Momento.

   *Agora não é **hora** de conversar!*

Ilustra Cartoon/Arquivo da editora

IDÊNTICO (I-DÊN-TI-CO) *(adjetivo)*

Que é semelhante, igual a outra coisa.
*As duas bonecas que Marina ganhou são **idênticas**.*

IDOSO (I-DO-SO) *(adjetivo e substantivo)*

Pessoa que tem muitos anos de idade. É o mesmo que velho.

*(adjetivo) Minha avó tem muita disposição, nem parece ser tão **idosa**.*

*(substantivo) Devemos respeitar os **idosos**.*

IGUAL (I-GUAL) *(adjetivo)*

1. Muito parecido, que não tem diferenças, que tem as mesmas características.

   *As mochilas de Ana e Bia são **iguais**.*

2. Que tem a mesma quantidade ou tamanho.
   *Minha avó repartiu o bolo em partes **iguais**.*

INCÔMODO (IN-CÔ-MO-DO) *(adjetivo)*

Que incomoda, que é desconfortável, desagradável.

*Estava sentado numa posição bastante **incômoda**.*

INDÍGENA (IN-DÍ-GE-NA) *(substantivo)*

Pessoa nascida no lugar onde viveu e vive o povo ao qual ela pertence.

*No Brasil há muitos **indígenas**.*

INÉDITO (I-NÉ-DI-TO) *(adjetivo)*

1. Que não foi publicado ou impresso.

   *O livro é **inédito**.*

2. Que nunca foi visto ou ouvido.

   *Durante o Carnaval ouvimos um samba **inédito**.*

INFECÇÃO (IN-FEC-ÇÃO) *(substantivo)*

Contaminação de alguma parte do corpo de um ser vivo por vírus, fungos ou bactérias.

*Jorge está com **infecção** na garganta.*

INSERIR (IN-SE-RIR) *(verbo)*

Introduzir, colocar, incluir.

*Temos de **inserir** o nome dos novos alunos na lista de chamada.*

INTERNAUTA (IN-TER-NAU-TA) *(substantivo)*

Nome dado a alguém que utiliza a internet.

*Os computadores são a maior paixão dos **internautas**.*

INTERNET (IN-TER-NET) *(substantivo)*

Nome dado à rede mundial de computadores.

*Fizemos a pesquisa na **internet**.*

INTOXICAR (IN-TO-XI-CAR) *(verbo)*

Envenenar por meio de um produto ou substância.

*O gás **intoxicou** as pessoas.*

INVERTEBRADO (IN-VER-TE-BRA-DO) *(adjetivo)*

Animal que não tem coluna vertebral nem ossos.

*O caramujo é um animal **invertebrado**.*

IRA (I-RA) *(substantivo)*

Sentimento de ódio muito grande. O mesmo que raiva ou indignação.

*Ficamos surpresos ao ver a **ira** daqueles homens.*

IRRIGAR (IR-RI-GAR) *(verbo)*

1. Molhar com água ou outro líquido. É o mesmo que aguar.
2. Regar ou molhar de forma não natural.

   *É preciso **irrigar** a horta por meio de um sistema de canais.*

JABUTI (JA-BU-TI) *(substantivo)*

Réptil da mesma espécie da tartaruga. Também é chamado de cágado ou jaboti.

*No Brasil, o **jabuti** pode ser encontrado nas matas da Amazônia, do Espírito Santo e de Minas Gerais.*

JACARANDÁ (JA-CA-RAN-DÁ) *(substantivo)*

Nome dado a diversas espécies de árvores de regiões tropicais do continente americano.

Ilustrações: Ilustra Cartoon/Arquivo da editora

JAVALI (JA-VA-LI) *(substantivo)*

Mamífero semelhante ao porco selvagem, de cabeça grande, focinho alongado e dentes salientes.

JOVEM (JO-VEM) *(adjetivo e substantivo)*

1. *(adjetivo)* Que ainda não tem maturidade.

*Roberto ainda é muito **jovem** para se casar.*

2. *(substantivo)* Pessoa de pouca idade, que está na juventude.

JÚPITER (JÚ-PI-TER) *(substantivo)*

Maior planeta do Sistema Solar. É o quinto planeta em ordem de distância do Sol.

JUSTIÇA (JUS-TI-ÇA) *(substantivo)*

Forma de fazer cumprir uma lei, de reconhecer e garantir os direitos de cada pessoa.

*O criminoso vai ser julgado com **justiça** no tribunal.*

KETCHUP (quetchupe) *(substantivo)*

Molho de tomate temperado com vinagre e outros ingredientes, com sabor levemente adocicado.

*Gosto de sanduíche com **ketchup**.*

kg *(abreviatura)*

Símbolo de quilograma ou quilo. Escreve-se com letras minúsculas.

*O pacote de açúcar pesa 5 **kg**.*

KIWI (quiuí) *(substantivo)*

Planta que produz frutos de casca marrom, cobertos de pelos e com polpa verde-amarelada. O fruto dessa planta.

km *(abreviatura)*

Símbolo de quilômetro ou mil metros. Escreve-se com letras minúsculas.

*A cidade fica a mais ou menos 20 **km** daqui.*

Ilustrações: Ilustra Cartoon/Arquivo da editora

A B C D E F G H I J K L M N O P Q R S T U V W X Y Z

LI

LEGÍVEL (LE-GÍ-VEL) *(adjetivo)*

Que se pode ler, que está escrito de forma clara.

*A letra de Ana é **legível**.*

LENDA (LEN-DA) *(substantivo)*

História inventada pelo povo e contada de geração em geração.

*As **lendas** antigas trazem muitos ensinamentos.*

LEVE (LE-VE) *(adjetivo)*

1. Que tem pouco peso.

   *As penas são muito **leves**.*

2. Delicado, suave.

   *Ana tem um sorriso **leve**.*

3. Que tem digestão fácil.

   *No almoço, comi uma salada **leve**.*

LIBÉLULA (LI-BÉ-LU-LA) *(substantivo)*

Inseto de abdome longo e estreito, com quatro asas alongadas e transparentes.

*A **libélula** vive rondando a água.*

LIGEIRO (LI-GEI-RO) *(adjetivo)*

Rápido, veloz.

*O tigre é um animal **ligeiro**.*

LISTRADO (LIS-TRA-DO) *(adjetivo)*

Que tem listras.

*A pelagem da zebra é **listrada**.*

LITRO (LI-TRO) *(substantivo)*

1. Unidade de medida usada para líquidos.

   *Vou utilizar um **litro** de água na receita.*

2. Recipiente que contém um litro.

   *Comprei um **litro** de óleo.*

LIVRE (LI-VRE) *(adjetivo)*

1. Que pode ter escolha, que não precisa obedecer às ordens de outra pessoa.

   *A partir de agora o prisioneiro está **livre**.*

2. Desocupado ou disponível.

   *Hoje temos toda a tarde **livre**.*

3. Que não precisa ser pago, que é gratuito.

   *Não comprei ingressos, pois a entrada é **livre**.*

Ilustrações: Ilustra Cartoon/Arquivo da editora

LOCOMOTIVA (LO-CO-MO-TI-VA) *(substantivo)*

Vagão de trem que puxa ou empurra os outros.
*A **locomotiva** tem motores que provocam o movimento de todo o trem.*

LONGE (LON-GE) (adjetivo)

Que está a uma grande distância de um ponto. É o mesmo que distante.
*A China é um lugar muito **longe** do Brasil.*

LOTADO (LO-TA-DO) *(adjetivo)*

Que está cheio.
*O ônibus está **lotado**.*

MAMÍFERO (MA-MÍ-FE-RO) *(adjetivo e substantivo)*

Animal que tem mamas e que dá de mamar aos seus filhotes.
*(adjetivo) A baleia é um animal **mamífero**.*
*(substantivo) Os **mamíferos** em geral têm quatro patas.*

MANDIOCA (MAN-DI-O-CA) *(substantivo)*

Planta de raiz cheia de amido, usada na alimentação e na fabricação de farinha. Também é conhecida como aipim ou macaxeira.
*A farinha de **mandioca** é um alimento muito consumido no Brasil.*

MANSÃO (MAN-SÃO) *(substantivo)*

Casa muito grande e luxuosa.

MANUFATURA (MA-NU-FA-TU-RA) *(substantivo)*

Trabalho feito à mão ou em máquina caseira.
*Marcela tem uma **manufatura** de ovos de Páscoa.*

MANUTENÇÃO (MA-NU-TEN-ÇÃO) *(substantivo)*

Cuidado constante que se tem com alguma coisa para fazê-la durar.
*Mandei o computador para **manutenção**.*

Ilustrações: Ilustra Cartoon/Arquivo da editora

MARATONA (MA-RA-TO-NA) *(substantivo)*

1. Corrida de longo percurso realizada a pé.
*O corredor chegou em primeiro lugar na **maratona**.*

2. Atividade cansativa.
*Cumpro diariamente uma **maratona** de oito horas.*

MAREMOTO (MA-RE-MO-TO) *(substantivo)*

Grande tremor de terra que acontece embaixo do mar e causa ondas enormes.
*Um **maremoto** quase destruiu a cidade.*

MARÍTIMO (MA-RÍ-TI-MO) *(adjetivo)*

Relativo ao mar, marinho.
*Fizemos uma viagem **marítima**.*

MATA (MA-TA) *(substantivo)*

Área muito extensa coberta de árvores. O mesmo que floresta, bosque, mato, selva.

MELANCIA (ME-LAN-CI-A) *(substantivo)*

1. Planta rasteira que produz fruto geralmente de casca verde e polpa vermelha.
2. O fruto dessa planta.

MENDIGO (MEN-DI-GO) *(substantivo)*

Pessoa que pede esmolas para viver. O mesmo que pedinte.

MENINO (ME-NI-NO) *(substantivo)*

Criança do sexo masculino.
*Tinham três filhos: duas meninas e um **menino**.*

MESTRE (MES-TRE) *(substantivo)*

Pessoa que ensina. O mesmo que professor.

METEORO (ME-TE-O-RO) *(substantivo)*

Qualquer fenômeno luminoso que acontece na atmosfera terrestre.

METRO (ME-TRO) *(substantivo)*

Unidade utilizada para medir a altura, o comprimento e a largura.
*Um **metro** tem 100 centímetros.*

METRÔ (ME-TRÔ) *(substantivo)*

Espécie de trem utilizado para transporte urbano e que geralmente circula embaixo da terra.
*As grandes cidades têm muitas estações de **metrô**.*

MITOLOGIA (MI-TO-LO-GI-A) *(substantivo)*

Conjunto das lendas e dos mitos de um povo.
*Zeus é um dos deuses da **mitologia** grega.*

Ilustrações: Ilustra Cartoon/Arquivo da editora

NARRADOR (NAR-RA-DOR) *(substantivo)*

Pessoa que narra, que conta alguma coisa falando ou escrevendo.

*O **narrador** de nossas aventuras nas férias fui eu.*

NASCIMENTO (NAS-CI-MEN-TO) *(substantivo)*

Começo da vida, a saída da barriga da mãe ou do ovo.

*Todos ficaram contentes com o **nascimento** do bebê.*

NATUREZA (NA-TU-RE-ZA) *(substantivo)*

Tudo o que existe e que não foi criado pelos seres humanos.

*É dever de todos preservar a **natureza**.*

NHOQUE (NHO-QUE) *(substantivo)*

1. Massa de origem italiana, feita de farinha de trigo, batata, ovos e queijo, cortada em pedacinhos arredondados.

Ilustra Cartoon/Arquivo da editora

2. Prato feito com essa massa cozida, molho de tomate e queijo parmesão ralado.

*No domingo, comi **nhoque** na casa de minha avó.*

NINHO (NI-NHO) *(substantivo)*

Estrutura construída por aves ou outros animais para cuidar dos filhotes.

*Não podemos tirar os filhotes de coruja do **ninho**.*

NÍTIDO (NÍ-TI-DO) *(adjetivo)*

1. Transparente, claro.
2. Algo que é fácil de entender.

   *A explicação da professora foi **nítida**.*

NÓ (NÓ) *(substantivo)*

Laço apertado que amarra duas pontas de um cordão, cadarço, barbante ou fita.

*Dei um **nó** muito apertado no cadarço do meu tênis e agora não consigo desfazê-lo.*

NORDESTE (NOR-DES-TE) *(substantivo)*

Uma das cinco regiões do Brasil. Inclui os estados de Alagoas, Bahia, Ceará, Maranhão, Paraíba, Pernambuco, Piauí, Rio Grande do Norte e Sergipe.

NORTE (NOR-TE) *(substantivo)*

Uma das cinco regiões do Brasil. Inclui os estados do Acre, Amazonas, Amapá, Pará, Rondônia, Roraima e Tocantins.

NUVEM (NU-VEM) *(substantivo)*

1. Formação de vapor de água no ar.
2. Grande quantidade de fumaça ou pó que aparece no ar.

   *Chamamos os bombeiros assim que vimos as primeiras **nuvens** de fumaça.*

A B C D E F G H I J K L M **N** O P Q R S T U V W X Y Z

OBJETO (OB-JE-TO) *(substantivo)*

Algo feito à mão ou de forma industrial e que podemos ver, pegar e utilizar.

No museu de arte moderna, vimos um lindo **objeto**.

OBRA (O-BRA) *(substantivo)*

1. Algo que se fez ou se está fazendo.

   Visito as **obras** *do novo edifício todos os dias.*

2. Resultado de um trabalho.

   Aquela **obra** *de arte foi feita por um escultor.*

3. Ação praticada pelas pessoas.

   Obras *de caridade ajudam as pessoas a viver.*

OBSERVAR (OB-SER-VAR) *(verbo)*

1. Examinar cuidadosamente, olhar com atenção.

   Observei *todos os movimentos da bailarina durante o espetáculo.*

2. Estudar alguma coisa.

   Observei *diferentes tipos de folhas na aula de Ciências.*

OLFATO (OL-FA-TO) *(substantivo)*

Um dos cinco sentidos de nosso corpo. Por meio dele podemos sentir o cheiro.

O órgão do **olfato** *é o nariz.*

ONÍVORO (O-NÍ-VO-RO) *(adjetivo)*

Que se alimenta tanto de vegetais como de outros animais.

OPERÁRIO (O-PE-RÁ-RIO) *(substantivo)*

1. Trabalhador que tem uma ocupação manual e recebe salário.

2. Trabalhador da indústria.

OPOSTO (O-POS-TO) *(adjetivo)*

O que é inverso, contrário.

A tristeza é o **oposto** *da alegria.*

OSTRA (OS-TRA) *(substantivo)*

Molusco marinho dotado de concha.

As **ostras** *se alimentam de animais muito pequeninos ou de algas.*

Ilustrações: Ilustra Cartoon/Arquivo da editora

PAÇOCA (PA-ÇO-CA) *(substantivo)*

1. Doce de amendoim torrado e amassado com açúcar e farinha.

   A paçoca derrete na boca.

2. Carne assada e desfiada, amassada no pilão com farinha de mandioca ou de milho.

PAIXÃO (PAI-XÃO) *(substantivo)*

1. Forte sentimento de amor por uma pessoa.

   Tenho uma grande paixão pela minha mãe.

2. Dedicação muito grande a alguma coisa.

   Na escola, minha principal paixão são os livros.

PALADAR (PA-LA-DAR) *(substantivo)*

Um dos cinco sentidos de nosso corpo. Por meio dele podemos sentir e diferenciar os sabores.

O órgão do paladar é a língua.

PARQUE (PAR-QUE) *(substantivo)*

Local público com muitas árvores, onde as pessoas vão passear e se divertir.

No fim de semana, fomos ao parque com a turma.

PENSAR (PEN-SAR) *(verbo)*

1. Formar ideias. É o mesmo que refletir.

   Todos os dias penso antes de fazer a lição.

2. Achar, julgar.

   Pensei que João fosse o culpado.

PERSONAGEM (PER-SO-NA-GEM) *(substantivo)*

Aquele que faz parte de uma história.

Os personagens do Sítio do Picapau Amarelo são muito interessantes.

PINGUIM (PIN-GUIM) *(substantivo)*

Ave de penas brancas e pretas, com asas curtas, que vive em lugares gelados.

Há muitos pinguins no polo sul.

PIPA (PI-PA) *(substantivo)*

Brinquedo feito de papel e varetas de bambu ou madeira leve. É o mesmo que papagaio ou pandorga.

Fiquei a tarde toda empinando pipa.

Ilustrações: Ilustra Cartoon/Arquivo da editora

A B C D E F G H I J K L M N O **P** Q R S T U V W X Y Z

🔹 **PRINCESA** (PRIN-CE-SA) *(substantivo)*

1. Filha do rei ou da rainha.

   Os contos de fadas são histórias de reis, rainhas, príncipes e princesas.

2. Menina ou moça muito bela ou muito mimada.

🔹 **PRÍNCIPE** (PRÍN-CI-PE) *(substantivo)*

Filho do rei ou da rainha.

🔹 **QUADRA** (QUA-DRA) *(substantivo)*

1. Lugar onde se praticam vários esportes.

   Todas as tardes, jogamos vôlei na quadra da escola.

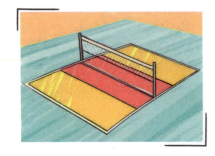

2. Espaço cercado por quatro ruas.

   Minha casa fica na segunda quadra do condomínio.

🔹 **QUADRADO** (QUA-DRA-DO) *(substantivo)*

Figura geométrica que tem quatro lados iguais.

🔹 **QUADRILHA** (QUA-DRI-LHA) *(substantivo)*

1. Dança de pares, geralmente apresentada nas festas juninas.

   Todo ano, ensaiamos a quadrilha para dançar na festa junina da escola.

2. Grupo de pessoas desonestas ou de ladrões que obedecem a um chefe.

   A quadrilha foi presa depois de assaltar um banco.

🔹 **QUARTEIRÃO** (QUAR-TEI-RÃO) *(substantivo)*

Área cercada por quatro ruas. É o mesmo que quadra.

🔹 **QUESTÃO** (QUES-TÃO) *(substantivo)*

1. Algo que precisa ser resolvido.
   A questão da fome preocupa o país.

2. Pergunta.

   Tenho uma questão de História para fazer.

🔹 **QUILÔMETRO** (QUI-LÔ-ME-TRO) *(substantivo)*

Medida de comprimento igual a mil metros.

Os alunos andam dois quilômetros para chegar até a escola.

R r

RAINHA (RA-I-NHA) *(substantivo)*

1. Mulher que governa ou representa um reino.

   O masculino de **rainha** *é rei.*

2. Fêmea que põe ovos, em colônias de abelhas, formigas e cupins.

RAMALHETE (RA-MA-LHE-TE) *(substantivo)*

Pequeno ramo de flores unidas. O mesmo que buquê.

RASGAR (RAS-GAR) *(verbo)*

Abrir com um rasgo; despedaçar.
Minha irmã **rasgou** *a carta.*

REBANHO (RE-BA-NHO) *(substantivo)*

Grupo de animais da mesma espécie.
Na fazenda havia um grande **rebanho** *de ovelhas.*

RECLAMAR (RE-CLA-MAR) *(verbo)*

1. Queixar-se de alguém ou de alguma coisa. O mesmo que protestar.

   Minha mãe **reclama** *quando meu irmão e eu brigamos.*

2. Pedir alguma coisa à qual se tem direito, falando ou escrevendo. O mesmo que exigir ou reivindicar.

   Reclamei um bom atendimento do vendedor da loja.

REI (REI) *(substantivo)*

1. Pessoa que governa ou representa um reino.

   Os **reis** *e as rainhas moravam em castelos e usavam coroas.*

2. Peça principal do jogo de xadrez.

RÉPTIL (RÉP-TIL) *(substantivo)*

Animal vertebrado que se arrasta pelo chão e põe ovos. Alguns répteis têm o corpo coberto por escamas ou placas.

RÉSTIA (RÉS-TIA) *(substantivo)*

1. Trança de caules secos.

   Réstia de alhos ou de cebolas.

2. Feixe de luz que passa por uma abertura estreita.

   Réstia de luz.

A B C D E F G H I J K L M N O P Q **R** S T U V W X Y Z

REUNIÃO (REU-NI-ÃO) *(substantivo)*

1. Ato de reunir. O mesmo que agrupamento.

   *Fizemos a **reunião** dos alunos no pátio.*

2. Encontro de pessoas para tratar de determinado assunto.

   *Os professores participaram de uma **reunião** para fechamento do bimestre.*

REVOADA (RE-VO-A-DA) *(substantivo)*

Bando de aves em voo.

*É linda a **revoada** de andorinhas.*

RIACHO (RI-A-CHO) *(substantivo)*

Rio pequeno.

ROCHA (RO-CHA) *(substantivo)*

Massa de pedra muito dura, o mesmo que rochedo.

SAL (SAL) *(substantivo)*

Nome comum do cloreto de sódio, isto é, o sal de cozinha.

*O **sal** dá mais sabor aos alimentos, mas deve ser usado sem exageros.*

SANEAMENTO (SA-NE-A-MEN-TO) *(substantivo)*

Ação de limpar e cuidar de um lugar para que se possa morar nele.

*É preciso manter o **saneamento** das cidades para garantir uma vida saudável.*

SARDINHA (SAR-DI-NHA) *(substantivo)*

Pequeno peixe comestível que vive no mar.

*Adoro comer **sardinha** frita.*

SAUDADE (SAU-DA-DE) *(substantivo)*

Sentimento causado pela ausência de uma pessoa de quem gostamos.

*Sinto **saudade** dos meus colegas.*

SEGURANÇA (SE-GU-RAN-ÇA) *(substantivo)*

1. Pessoa contratada para proteger alguém ou alguma coisa. É o mesmo que guarda-costas.

   *O **segurança** do banco trabalha a noite inteira.*

2. Ausência de perigo.

   *Para atravessar a rua com **segurança**, é preciso respeitar o semáforo.*

Ilustrações: Ilustra Cartoon/Arquivo da editora

SELVA (SEL-VA) *(substantivo)*

Lugar naturalmente repleto de árvores, onde vivem muitos animais selvagens.

*A natureza é muito rica nas **selvas** brasileiras.*

Ilustra Cartoon/Arquivo da editora

SEMELHANTE (SE-ME-LHAN-TE) *(adjetivo e substantivo)*

1. *(adjetivo)* Que tem características parecidas, quase iguais.

   *Em geral, irmãos gêmeos são muito **semelhantes**.*

2. *(substantivo)* Outra pessoa, outro ser humano.

   *Respeitar nossos **semelhantes** é sinal de amor e educação.*

SIM (SIM) *(advérbio)*

Palavra usada para afirmar que se concorda com algo ou alguém, que se permite ou que se aprova alguma coisa.

SOBRANCELHA (SO-BRAN-CE-LHA) *(substantivo)*

Conjunto de pelos em forma de arco que fica acima dos olhos.

*Todo mês minha mãe tira a **sobrancelha**.*

SOBREVOAR (SO-BRE-VO-AR) *(verbo)*

Voar por cima de algo.

*O avião **sobrevoou** a chácara.*

SOCIEDADE (SO-CI-E-DA-DE) *(substantivo)*

1. Conjunto de pessoas ou animais que vivem em grupos organizados por regras que todos conhecem.

2. Parceria, acordo entre duas ou mais pessoas para usar determinada coisa em comum ou montar um estabelecimento.

   *Meu irmão e eu fizemos uma **sociedade** para comprar uma moto.*

SOLICITAR (SO-LI-CI-TAR) *(verbo)*

1. Pedir.

   *Minha professora **solicitou** que eu terminasse o trabalho de Matemática hoje.*

2. Requisitar.

   *A funcionária da escola **solicitou** a certidão de nascimento no ato da matrícula.*

SOLUÇÃO (SO-LU-ÇÃO) *(substantivo)*

1. Aquilo que resolve um problema ou uma dificuldade.

   *Depois de tanto pensar, encontrei a **solução** para o problema.*

2. Líquido que contém algo dissolvido.

   *O soro caseiro é resultado de uma **solução** de sal e açúcar em água filtrada.*

SUDESTE (SU-DES-TE) *(substantivo)*

Uma das cinco regiões do Brasil. Inclui os estados do Espírito Santo, Minas Gerais, Rio de Janeiro e São Paulo.

SUL (SUL) *(substantivo)*

Uma das cinco regiões do Brasil. Inclui os estados do Paraná, Rio Grande do Sul e Santa Catarina.

A B C D E F G H I J K L M N O P Q R **S** T U V W X Y Z

● **TALENTO** (TA-LEN-TO) *(substantivo)*

Facilidade para fazer alguma coisa.

*Minha amiga tem **talento** para cantar.*

● **TANGERINA** (TAN-GE-RI-NA)
(substantivo)

Fruto parecido com a laranja, com gomos. Também é conhecida como mexerica ou bergamota.

● **TANQUE** (TAN-QUE) *(substantivo)*

1. Caixa de cimento ou de louça com um lado inclinado, usada para lavar roupas.

   *Minha tia lavou as roupas no **tanque**.*

2. Carro muito resistente utilizado nas guerras.

   *Vi na televisão vários **tanques** de guerra.*

● **TARIFA** (TA-RI-FA) *(substantivo)*

Preço cobrado pelo transporte de passageiros.

*Neste mês a **tarifa** do ônibus subiu.*

● **TATO** (TA-TO) *(substantivo)*

Um dos cinco sentidos do nosso corpo. Por meio dele podemos sentir o calor, o frio, a forma e a espessura dos objetos.

*O órgão do **tato** é a pele.*

● **TECNOLOGIA** (TEC-NO-LO-GI-A)
(substantivo)

Conjunto de conhecimentos utilizados em determinado ramo de atividade.

*Com o avanço da **tecnologia**, foram produzidos computadores melhores.*

● **TELESPECTADOR** (TE-LES-PEC-TA-DOR) *(substantivo)*

Pessoa que assiste a algo pela televisão.

*Muitos **telespectadores** assistem aos jornais.*

● **TOBOGÃ** (TO-BO-GÃ) *(substantivo)*

Rampa ondulada em que se desce escorregando.

*O **tobogã** é meu brinquedo predileto.*

● **TRADIÇÃO** (TRA-DI-ÇÃO)
(substantivo)

Conjunto de costumes de um povo transmitidos de geração em geração.

*Nossa família tem a **tradição** de montar árvore de Natal.*

● **TROFÉU** (TRO-FÉU) *(substantivo)*

Objeto dado ao vencedor de algum tipo de competição.

*O piloto recebeu um **troféu** por ter vencido a corrida.*

Ilustrações: Ilustra Cartoon/Arquivo da editora

U u

UIRAPURU (UI-RA-PU-RU) *(substantivo)*

Ave das florestas brasileiras, de plumagem colorida, que emite um lindo canto ao amanhecer.

*O **uirapuru** é um pássaro que vive na Amazônia.*

UIVAR (UI-VAR) *(verbo)*

Soltar a voz, dando uivos; berrar, gritar.

*O lobo e o cão são animais que **uivam**.*

ÚLTIMO (ÚL-TI-MO) *(substantivo e adjetivo)*

1. *(substantivo)* Algo ou alguém que está depois ou vem depois de todos os outros.

   *Sou o **último** da lista de chamada da minha turma.*

2. *(adjetivo)* Que é o mais moderno.

   *Ganhei um celular do **último** modelo.*

ULTRAPASSAR (UL-TRA-PAS-SAR) *(verbo)*

Superar, ir além, passar à frente.

*Durante a corrida, **ultrapassei** meus colegas.*

ÚMIDO (Ú-MI-DO) *(adjetivo)*

Um pouco molhado, levemente molhado.

*Minha mãe limpa a sala com um pano **úmido**.*

UNIÃO (U-NI-ÃO) *(substantivo)*

Ato de ficar junto, de juntar coisas ou pessoas que estavam separadas.

*Na partida final do campeonato, as torcidas dos dois times demonstraram muita **união**.*

UNISSEX (U-NIS-SEX) *(adjetivo)*

Que pode ser usado tanto por homens quanto por mulheres.

*Comprei um paletó **unissex**.*

URGENTE (UR-GEN-TE) *(adjetivo)*

Que precisa ser feito ou atendido imediatamente, que não pode ser deixado para depois.

*Recebi um recado muito **urgente**!*

ÚTIL (Ú-TIL) *(adjetivo)*

Que tem utilidade, que serve para alguma coisa.

*Esta caixa é muito **útil** para guardar brinquedos.*

A B C D E F G H I J K L M N O P Q R S T **U** V W X Y Z

VALENTE (VA-LEN-TE) *(adjetivo)*

Que não tem medo do perigo. O mesmo que corajoso.

*O **valente** bombeiro salvou a menina.*

VARA (VA-RA) *(substantivo)*

1. Ramo fino e flexível retirado de alguma árvore.

   *O pescador usa uma **vara** de bambu para pescar.*

2. Coletivo de porcos.

VAZIO (VA-ZI-O) *(adjetivo)*

Que não contém nada dentro.

*Preciso comprar outra margarina, pois o pote está **vazio**.*

VEGETAL (VE-GE-TAL) *(substantivo)*

O mesmo que planta.

*Os **vegetais** precisam de água e de luz para sobreviver.*

Ilustra Cartoon/Arquivo da editora

VENDER (VEN-DER) *(verbo)*

Entregar alguma coisa a alguém em troca de dinheiro.

*Vou **vender** minha bicicleta.*

VERÃO (VE-RÃO) *(substantivo)*

Uma das quatro estações do ano. No hemisfério sul, começa no dia 21 de dezembro e termina no dia 20 de março. É a estação mais quente do ano.

VERTEBRADO (VER-TE-BRA-DO) *(adjetivo)*

Que tem coluna vertebral e ossos.

*O homem é um animal **vertebrado**.*

VISÃO (VI-SÃO) *(substantivo)*

1. Um dos cinco sentidos de nosso corpo. Por meio dela vemos todo o mundo à nossa volta.

   *O órgão da **visão** é o olho.*

2. Imagem que se acredita ver em sonhos, que não é real.

VISÍVEL (VI-SÍ-VEL) *(adjetivo)*

Que pode ser visto.

*Na noite estrelada, a Lua estava **visível**.*

VOLUNTÁRIO (VO-LUN-TÁ-RIO) *(substantivo)*

Pessoa que se oferece por vontade própria para realizar uma tarefa.

*Nos hospitais, muitos **voluntários** contam histórias para as crianças doentes.*

VULCÃO (VUL-CÃO) *(substantivo)*

Montanha com uma grande abertura que lança material em brasa, a altíssimas temperaturas.

*O material que sai do **vulcão** chama-se lava.*

A
B
C
D
E
F
G
H
I
J
K
L
M
N
O
P
Q
R
S
T
U
V
W
X
Y
Z

WALKIE-TALKIE (uóquitóqui) *(substantivo)*

Pequeno aparelho usado para comunicação entre duas pessoas a distâncias curtas.

Ilustra Cartoon/Arquivo da editora

WATT (uót) *(substantivo)*

Unidade de medida da energia elétrica.
*A lâmpada do quarto tem 100 **watts**.*

W.C. *(abreviatura)*

Abreviatura do inglês *watercloset*. Banheiro, toalete.

WEB (uéb) *(substantivo)*

Do inglês *web*, rede. O mesmo que internet, a rede mundial de computadores.

W.O. *(abreviatura)*

Abreviatura do inglês *walkover*. Vitória fácil, sem resistência do adversário. Também pode significar vitória de um concorrente quando o outro desiste ou não comparece à competição.
*O time venceu por **W.O.***

WWW *(abreviatura)*

Do inglês *world wide web*, rede mundial de computadores. O mesmo que *web*.

XALE (XA-LE) *(substantivo)*

Manto, geralmente de lã ou de seda, usado sobre os ombros.

XARÁ (XA-RÁ) *(substantivo)*

Pessoa que tem o mesmo nome que outra.

XAROPE (XA-RO-PE) *(substantivo)*

Remédio líquido e adocicado geralmente usado para tratar a tosse.

XODÓ (XO-DÓ) *(substantivo)*

Sentimento de afeto, de carinho.
*Tem um **xodó** pelo meu irmão menor.*

YAKISOBA (iaquissôba) *(substantivo)*

Comida japonesa preparada com macarrão e verduras refogadas.

ZANGÃO (ZAN-GÃO) *(substantivo)*

Macho da abelha. Não produz mel.

ZELADOR (ZE-LA-DOR) *(substantivo)*

Pessoa encarregada de cuidar da limpeza e conservação de um prédio de apartamentos ou de escritórios.

O zelador de nosso prédio é muito simpático.

ZOMBAR (ZOM-BAR) *(verbo)*

Caçoar, rir de alguém, com o objetivo de magoá-lo.

Durante a briga, os meninos ficaram zombando um do outro.

ZONA (ZO-NA) *(substantivo)*

Área ou espaço delimitado.

Moro na zona sul da cidade.

ZOOLÓGICO (ZO-O-LÓ-GI-CO) *(substantivo)*

Lugar onde ficam em exposição permanente várias espécies de animais. O mesmo que jardim zoológico.

Gosto muito de ir ao zoológico passear.

Ilustrações: Ilustra Cartoon/Arquivo da editora